国家基本职业培训包（指南包 课程包）

连锁经营管理师

人力资源社会保障部职业能力建设司编制

中国劳动社会保障出版社

图书在版编目(CIP)数据

连锁经营管理师 / 人力资源社会保障部职业能力建设司编制. -- 北京：中国劳动社会保障出版社，2023

国家基本职业培训包：指南包　课程包

ISBN 978-7-5167-5892-2

Ⅰ.①连… Ⅱ.①人… Ⅲ.①连锁经营-经营管理-职业培训-教材 Ⅳ.①F717.6

中国国家版本馆 CIP 数据核字（2023）第 114970 号

中国劳动社会保障出版社出版发行

（北京市惠新东街 1 号　邮政编码：100029）

*

三河市华骏印务包装有限公司印刷装订　新华书店经销

880 毫米 ×1230 毫米　16 开本　9 印张　161 千字
2023 年 7 月第 1 版　2023 年 7 月第 1 次印刷
定价：27.00 元

营销中心电话：400-606-6496
出版社网址：http://www.class.com.cn

版权专有　　侵权必究

如有印装差错，请与本社联系调换：（010）81211666
我社将与版权执法机关配合，大力打击盗印、销售和使用盗版
图书活动，敬请广大读者协助举报，经查实将给予举报者奖励。
举报电话：（010）64954652

编 制 说 明

为深入贯彻落实党的二十大关于"健全终身职业技能培训制度"的部署要求，按照《"十四五"职业技能培训规划》有关职业培训包开发应用工作安排，我部将修订完善和组织开发一批培训需求量大的国家基本职业培训包，在全国范围内培育一批职业培训包应用培训机构。

职业培训包开发工作是新时期职业培训领域的一项重要基础性工作，旨在形成以综合职业能力培养为核心、以技能水平评价为导向，实现职业培训全过程管理的职业技能培训体系，这对于进一步提高培训质量，加强职业培训规范化、科学化管理，促进职业培训与就业需求的有效衔接，推行终身职业技能培训制度具有积极的作用。

国家基本职业培训包由指南包、课程包和资源包三个子包构成，是集培养目标、培训要求、培训内容、课程规范、考核大纲、教学资源等为一体的职业培训资源总和，是职业培训机构对劳动者开展政府补贴职业培训服务的工作规范和指南。

国家基本职业培训包遵循《职业培训包开发技术规程（试行）》的要求，依据国家职业技能标准和企业岗位技术规范，结合新经济、新产业、新职业发展编制，力求客观反映现阶段本职业（工种）的技术水平、对从业人员的要求和职业培训教学规律。

《国家基本职业培训包（指南包　课程包）——连锁经营管理师》是在各

编制说明

有关专家的共同努力下完成的。参加编审的主要人员有吴崑、邱云、黄新谋、左芊、洪旭、孙佩红、张志宵等，在编制过程中得到了中山职业技术学院、重庆城市管理职业学院、湖南开放大学、北京财贸职业学院、北京弗迪思锐文化传媒有限公司等有关单位的大力支持，在此一并致谢。

人力资源社会保障部职业能力建设司

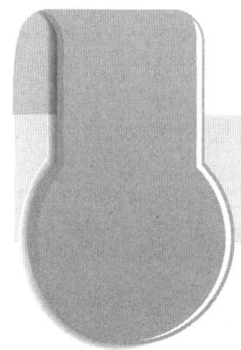

目 录

1 指 南 包

1.1 职业培训包使用指南 ·················002
- 1.1.1 职业培训包结构与内容··············002
- 1.1.2 培训课程体系介绍··················003
- 1.1.3 培训课程选择指导··················012

1.2 职业指南 ···························013
- 1.2.1 职业描述··························013
- 1.2.2 职业培训对象······················013
- 1.2.3 就业前景··························013

1.3 培训机构设置指南 ···················014
- 1.3.1 师资配备要求······················014
- 1.3.2 培训场所设备配置要求··············014
- 1.3.3 教学资料配备要求··················016
- 1.3.4 管理人员配备要求··················016
- 1.3.5 管理制度要求······················017

2 课 程 包

2.1 培训要求 ···························020
- 2.1.1 职业基本素质培训要求··············020
- 2.1.2 四级/中级职业技能培训要求·········023

目录

	2.1.3	三级/高级职业技能培训要求	026
	2.1.4	二级/技师职业技能培训要求	030
	2.1.5	一级/高级技师职业技能培训要求	035

2.2 课程规范 ··· 040

- 2.2.1 职业基本素质培训课程规范 ··· 040
- 2.2.2 四级/中级职业技能培训课程规范 ··· 054
- 2.2.3 三级/高级职业技能培训课程规范 ··· 067
- 2.2.4 二级/技师职业技能培训课程规范 ··· 082
- 2.2.5 一级/高级技师职业技能培训课程规范 ··· 104
- 2.2.6 培训建议中培训方法说明 ··· 123

2.3 考核规范 ··· 124

- 2.3.1 职业基本素质培训考核规范 ··· 124
- 2.3.2 四级/中级职业技能培训理论知识考核规范 ··· 126
- 2.3.3 四级/中级职业技能培训操作技能考核规范 ··· 127
- 2.3.4 三级/高级职业技能培训理论知识考核规范 ··· 128
- 2.3.5 三级/高级职业技能培训操作技能考核规范 ··· 130
- 2.3.6 二级/技师职业技能培训理论知识考核规范 ··· 131
- 2.3.7 二级/技师职业技能培训操作技能考核规范 ··· 134
- 2.3.8 一级/高级技师职业技能培训理论知识考核规范 ··· 135
- 2.3.9 一级/高级技师职业技能培训操作技能考核规范 ··· 137

1 指南包

1.1 职业培训包使用指南

1.1.1 职业培训包结构与内容

连锁经营管理师职业培训包由指南包、课程包和资源包三个子包构成,结构如图1所示。

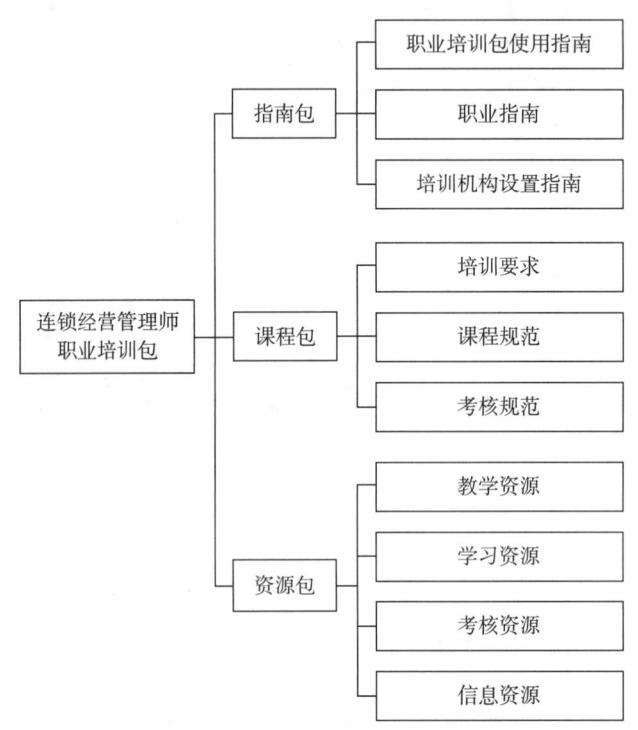

图1 职业培训包结构图

指南包是指导培训机构、培训教师与学员开展职业培训的服务性内容总和,包括职业培训包使用指南、职业指南和培训机构设置指南。职业培训包使用指南是培训学员了解本职业培训包内容、选择培训课程和使用培训资源的说明性文本;职业指南是对职业信息的概述;培训机构设置指南是对培训机构提出的具体要求。

课程包是培训机构与教师实施职业培训、培训学员接受职业培训必须遵守的规范总和,包括培训要求、课程规范和考核规范。培训要求是参照国家职业技能标准、结合职业岗位工作实际需求制定的职业培训规范;课程规范是依据培训要求,结合职业培训教学规律,对课程设置、课堂学时、课程内容与培训方法等所做的统一规定;考核规范是针对课程规范中所规定的课程内容开发的,能科学评价培训学员过程性学习效果与终结性培训成果的规则,是客观衡量培训学员职业基本素质与职业技能水平的标准,也是实施职业培训过程性与终结性考核的依据。

资源包是依据课程包要求,基于培训学员特征,遵循职业培训教学规律,应用先进职业培训课程理念,开发的多媒介、多形式的职业培训与考核资源总和,包括教学资源、学习资源、考核资源和信息资源。教学资源是为培训教师组织实施职业培训教学活动提供的相关资源;学习资源是为培训学员学习职业培训课程提供的相关资源;考核资源是为培训机构和教师实施职业培训考核提供的相关资源;信息资源是为培训教师和学员拓宽视野提供的体现科技进步、职业发展的相关动态资源。

1.1.2 培训课程体系介绍

连锁经营管理师职业培训课程体系依据职业技能等级分为职业基本素质培训课程、四级/中级职业技能培训课程、三级/高级职业技能培训课程、二级/技师职业技能培训课程和一级/高级技师职业技能培训课程,每一类课程包含模块、课程和学习单元三个层级。连锁经营管理师职业培训课程体系均源自本职业培训包课程包中的课程规范,以学习单元为基础,形成职业层次清晰、内容丰富的"培训课程超市"。

连锁经营管理师职业培训课程学时分配一览表

职业技能等级	课堂学时		其他学时	培训总学时
	职业基本素质培训课程	职业技能培训课程		
四级/中级	32	90	40	162
三级/高级	30	85	35	150
二级/技师	25	80	25	130
一级/高级技师	20	75	20	115

注:课堂学时是指培训机构开展的理论课程教学及实操课程教学的建议最低学时数。除课堂学时外,培训总学时还应包括岗位实习、现场观摩、自学自练等其他学时。

(1)职业基本素质培训课程

模块	课程	学习单元	课堂学时
1. 职业道德与职业守则	1-1 职业道德	道德与职业道德	1
	1-2 职业守则	职业守则	1

续表

模块	课程	学习单元	课堂学时
2. 连锁经营管理原理	2-1 连锁经营认知	连锁经营的认知	1
	2-2 连锁经营的类型	连锁经营的类型	1
	2-3 连锁企业的组织管理	连锁企业的组织管理	1
	2-4 连锁经营业态	连锁经营业态	1
3. 连锁经营产品管理	3-1 产品概述	产品概述	
	3-2 品类管理概述	品类管理概述	1
	3-3 品类定义	（1）品类定义的概念、特点及其影响因素	1
		（2）产品组织结构及产品组合	1
	3-4 品类角色	品类角色	1
4. 连锁经营营销管理	4-1 市场营销概述	市场营销概述	
	4-2 消费者购买行为分析	消费者购买行为分析	1
	4-3 市场调查	市场调查	1
	4-4 价格管理	价格管理	1
	4-5 促销管理	促销管理	
5. 连锁经营顾客管理	5-1 顾客服务	顾客服务	1
	5-2 顾客开发	顾客开发	1
	5-3 顾客维护	顾客维护	1
	5-4 顾客资料收集与整理	顾客资料收集与整理	1
6. 连锁经营营运管理	6-1 采购管理	采购管理	1
	6-2 库存管理	库存管理	1
	6-3 卖场布局	卖场布局	2
	6-4 产品陈列	产品陈列	1
	6-5 财务管理	财务管理	1
	6-6 人力资源管理	人力资源管理	1
7. 连锁经营信息管理	7-1 连锁企业信息管理	连锁企业信息管理	1
	7-2 连锁企业信息系统	连锁企业信息系统	1
8. 安全与环保知识	8-1 安全知识	安全知识	1
	8-2 环保知识	环保知识	1
9. 相关法律、法规知识	相关法律、法规知识	相关法律、法规知识	1
课堂学时合计			32

注：本表所列为四级/中级职业基本素质培训课程，其他等级职业基本素质培训课程按"连锁经营管理师职业培训课程学时分配一览表"中相应的课堂学时要求进行必要的调整。

(2) 四级/中级职业技能培训课程

模块	课程	学习单元	课堂学时
1. 产品管理	1-1 产品分类	(1) 解读产品条码编码	1
		(2) 识别产品	2
		(3) 产品检查	2
	1-2 产品分析	(1) 产品价格分析	1
		(2) 产品经营状况分析	3
	1-3 采购管理	(1) 订货与补货作业	3
		(2) 退换货作业	3
	1-4 库存管理	(1) 办理产品入库	2
		(2) 在库管理与盘点作业	3
		(3) 办理产品出库	1
2. 营销管理	2-1 消费者需求分析	(1) 识别消费者购买行为	3
		(2) 收集消费者需求信息	2
	2-2 产品促销	(1) 执行促销方案	2
		(2) 组织现场促销活动	3
3. 营运管理	3-1 规范与质量管理	(1) 执行门店营运规范、标准与流程	5
		(2) 执行门店产品与服务标准	5
		(3) 执行门店环境与企业形象标准	3
	3-2 客服管理	(1) 接待顾客	2
		(2) 处理简单的顾客投诉	2
		(3) 识别并发展会员顾客	2
	3-3 安全与危机管理	(1) 执行产品安全规范	2
		(2) 公共设施安全管理与作业规范	2
		(3) 现金安全	1
		(4) 门店营运安全隐患	2
		(5) 处理偷窃事件	2
		(6) 上报和应对突发危机事件	3
4. 信息与数字化管理	4-1 信息系统数据采集与处理	(1) 信息数据采集与存储	1
		(2) 收银系统操作管理	2
		(3) 顾客信息管理系统操作	2
		(4) 进货、订货与盘点管理系统操作	1

续表

模块	课程	学习单元	课堂学时
4. 信息与数字化管理	4-2 数字化运营	(1) 应用程序、公众号、小程序等软件的操作	1
		(2) 排队等位、定位等新媒体交互应用软件的操作	1
5. 人员管理	5-1 招聘与培训管理	(1) 门店人员招聘需求	3
		(2) 引导新员工入职	2
		(3) 指导员工工作	2
	5-2 团队与绩效管理	(1) 员工排班实施	1
		(2) 员工绩效评估	2
6. 财务管理	6-1 资产管理	(1) 按要求管理固定资产	1
		(2) 按要求管理低值易耗品	1
	6-2 资金管理	(1) 实施收银流程	1
		(2) 办理备用金支取	1
		(3) 实施现金盘点及缴存	2
	6-3 报表识读	(1) 识读门店销售日报表	2
		(2) 识读门店毛利日报表	2
课堂学时合计			90

(3) 三级 / 高级职业技能培训课程

模块	课程	学习单元	课堂学时
1. 产品管理	1-1 产品计划执行与评估	(1) 产品陈列	1
		(2) 产品市场与竞争店评估	2
		(3) 供应商评估	2
	1-2 产品经营分析	(1) 产品销售分析	3
		(2) 产品价格带分析	2
		(3) 产品关联度分析	2
	1-3 采购管理	(1) 制订采购计划	2
		(2) 特殊产品与临时订单产品订货	1
		(3) 自动补货作业	1
	1-4 库存管理	(1) 库存数据分析	2
		(2) 编制门店盘点报表	3

续表

模块	课程	学习单元	课堂学时
2．营销管理	2-1 消费者需求分析	（1）消费者需求与购买行为调查	2
		（2）分析消费者需求与购买行为	1
	2-2 促销管理	（1）编制促销计划与预算	3
		（2）制定促销价格与广告促销策略	3
3．营运管理	3-1 规范与质量管理	（1）督查与评估门店营运规范、标准和流程的执行情况	3
		（2）督查与评估门店产品和服务质量标准的执行情况	2
		（3）督查与评估门店环境和连锁企业形象标准的执行情况	1
	3-2 客服管理	（1）识别顾客服务需求	1
		（2）处理复杂的顾客投诉	2
	3-3 安全与危机管理	（1）督查门店公共安全与内部安全	2
		（2）开展实施消防演练	3
		（3）处理一般性冲突	2
4．信息与数字化管理	4-1 信息系统数据采集与处理	（1）顾客数据分析	4
		（2）运用信息系统进行门店销售预测与库存信息化管理	3
		（3）销售数据的汇总与处理	5
	4-2 数字化运营	（1）运用顾客营销系统进行精准营销	2
		（2）运用新媒体获取数据	4
	4-3 办公自动化管理	（1）运用办公软件制作电子文档	2
		（2）运用办公软件进行信息数据加工与处理	2
		（3）移动终端办公软件操作	2
5．人员管理	5-1 招聘与培训管理	（1）门店人员面试	1
		（2）实施门店人员培训	2
		（3）管理工作指导	1
	5-2 团队与绩效管理	（1）制订员工绩效改进方案	1
		（2）员工绩效面谈的实施	1
		（3）实施团队协作	1
		（4）组织团队建设活动	1

续表

模块	课程	学习单元	课堂学时
6．财务管理	6-1 资产管理	(1) 统计产品损耗并分析原因	1
		(2) 分析存货盘盈或盘亏原因	1
	6-2 资金管理	(1) 实施资金结算	2
		(2) 建立应收账款台账并催收	1
	6-3 报表分析	(1) 分析门店销售日报表和门店库存日报表	1
		(2) 分析门店毛利日报表和门店利润日报表	1
课堂学时合计			85

（4）二级/技师职业技能培训课程

模块	课程	学习单元	课堂学时
1．产品管理	1-1 产品结构分析	(1) 品类管理实施	1
		(2) 产品结构优化	1
		(3) 货架空间优化	1
	1-2 品牌招商管理	(1) 品牌招商活动策划	2
		(2) 品牌招商洽谈	1
	1-3 采购管理	(1) 采购渠道与采购方式选择	1
		(2) 采购流程优化	2
		(3) 供应商流程优化	1
	1-4 库存管理	(1) 制订库存计划	2
		(2) 调整库存结构	2
2．营销管理	2-1 市场定位	(1) 制订消费者需求调查方案	1
		(2) 消费市场细分与定位	1
	2-2 宣传策划	(1) 制定广告策划书	1
		(2) 策划公关宣传活动	1
	2-3 营销策划	(1) 制订营销策划方案，评估营销策划效果	2
		(2) 运用视觉营销实现营销效果	2
3．运营管理	3-1 规范与质量管理	(1) 制定门店营运规范、标准与流程	1
		(2) 制定门店产品与服务质量标准	1
		(3) 制定企业形象	1
		(4) 分析影响门店规范、标准执行的因素	2

续表

模块	课程	学习单元	课堂学时
3. 运营管理	3-2 客服管理	(1) 制定顾客服务策略	1
		(2) 制定服务优化策略	2
	3-3 安全与危机管理	(1) 制定企业安全管理标准	1
		(2) 制定消防演练和应急预案	1
		(3) 识别突发性危机事件与公共关系危机	1
4. 信息与数字化管理	4-1 信息数据分析	(1) 企业经营信息及数据应用	1
		(2) 库存管理系统操作及数据分析	1
		(3) 企业销售管理系统操作及数据分析	1
	4-2 信息系统管理	(1) 明确门店信息管理系统需求	1
		(2) 信息化逻辑结构与业务流程匹配度的判断	1
	4-3 数字化运营	(1) 新零售背景下全渠道平台搭建	1
		(2) 客户关系管理系统操作及数据分析	1
		(3) 数字技术应用与优化	1
5. 人员管理	5-1 团队及企业文化建设	(1) 高效团队的建设	1
		(2) 建立团队沟通机制	1
		(3) 组织企业文化活动	1
		(4) 企业流程与管理制度体系设计	1
	5-2 培训管理	(1) 制订培训方案	2
		(2) 评估培训效果	1
	5-3 绩效管理	(1) 制定团队绩效目标与评估标准	1
		(2) 实施绩效辅导	1
		(3) 制订团队绩效改进方案	1
6. 财务管理	6-1 资金管理	(1) 分析资金需求	1
		(2) 分析资金使用效率	1
	6-2 成本效益分析	(1) 实施门店成本预测与决策	1
		(2) 编制门店成本计划并控制执行	1
		(3) 实施门店成本分析与成本目标管理	1
		(4) 分析门店综合业绩与效益	1
	6-3 预算管理	(1) 设定门店预算目标	1
		(2) 编制门店预算	1
		(3) 控制门店预算执行并分析产生差异的原因	1

续表

模块	课程	学习单元	课堂学时
7. 市场开发管理	7-1 市场分析	(1) 市场	1
		(2) 目标市场调查	1
		(3) 目标市场分析	1
	7-2 商圈分析	(1) 商圈分析的内容与方法	1
		(2) 商圈评估报告	2
	7-3 投资分析	(1) 门店投资面积规模的影响因素	1
		(2) 门店开发成本的构成	1
		(3) 预选店铺业绩评估	1
		(4) 预选店铺环境与合规评估	1
		(5) 门店开发投资分析	1
	7-4 门店布局	(1) 门店外部规划方案编制方法	1
		(2) 顾客与产品动线规划设计	1
		(3) 门店产品、通道与设施布局规划	1
8. 特许经营管理	8-1 加盟商引进	(1) 加盟商招募	1
		(2) 加盟信息推广	1
		(3) 选定加盟商	1
	8-2 特许经营督导与知识产权维护	(1) 建立加盟商管理与培训机制	1
		(2) 设计特许督导评价指标	1
		(3) 维护特许经营知识产权	1
课堂学时合计			80

(5) 一级／高级技师职业技能培训课程

模块	课程	学习单元	课堂学时
1. 产品管理	1-1 制定产品战略	(1) 产品定位	1
		(2) 品类管理体系	1
		(3) 品类战略回顾	1
	1-2 品牌招商管理	(1) 制订招商规划方案	1
		(2) 产品（品牌）评估与维护	1
	1-3 采购管理	(1) 采购谈判	1
		(2) 建立采购管理体系	1
		(3) 供应商绩效评估与策略调整	1

续表

模块	课程	学习单元	课堂学时
1. 产品管理	1-4 库存管理	(1) 配送中心库存优化	1
		(2) 配送中心采购	1
2. 营销管理	2-1 市场定位	(1) 测算市场规模	1
		(2) 编制市场可行性分析报告	1
	2-2 渠道管理	(1) 选择与分析营销渠道组合	2
		(2) 评估媒介营销效果	1
	2-3 营销策划	(1) 制定线上与线下全渠道营销策略	1
		(2) 制定品牌营销策略	1
3. 营运管理	3-1 规范与质量管理	(1) 构建公司营运管理体系	2
		(2) 构建公司质量与环境标准体系	1
		(3) 编制公司营运管理手册	1
	3-2 客服管理	构建公司服务管理标准体系	1
	3-3 安全与危机管理	(1) 构建公司营运安全与危机管理体系	1
		(2) 处置媒体舆情危机	1
		(3) 处置突发危机	1
4. 信息与数字化管理	4-1 信息数据分析与决策	(1) 运用企业营运信息系统分析与决策	2
		(2) 运用企业供应链信息系统分析与决策	1
		(3) 运用企业财务信息系统分析与决策	2
		(4) 运用企业顾客信息系统分析与决策	2
	4-2 数字化运营	(1) 构建线上与线下数字化经营模式	1
		(2) 构建线上与线下数字化运营平台	2
5. 人员管理	5-1 团队建设	(1) 评估团队领导力的有效性	1
		(2) 建立激励机制与奖惩机制	2
		(3) 评估薪酬体系的匹配度	1
	5-2 企业文化建设	(1) 企业文化功能与机制	1
		(2) 企业文化系统建设	2
6. 财务管理	6-1 资产管理	(1) 分析资产构成要素	1
		(2) 实施资产优化	1
	6-2 成本效益分析	(1) 实施区域成本预测和决策	2
		(2) 编制区域成本计划	2
		(3) 实施区域成本分析与成本目标管理	1
		(4) 分析区域综合业绩与效益	1

续表

模块	课程	学习单元	课堂学时
6．财务管理	6-3 预算管理	(1) 统筹区域预算目标	1
		(2) 编制区域预算	2
		(3) 平衡区域预算执行情况	1
7．市场开发管理	7-1 市场发展规划	(1) 市场拓展战略与发展模式	1
		(2) 市场开发	2
	7-2 城市与商圈分析	(1) 城市评估	1
		(2) 城市评估报告	2
	7-3 投资分析	(1) 门店开发评估体系	2
		(2) 门店开发投资决策的方法	1
	7-4 门店布局	(1) 卖场区域划分	1
		(2) 业态的组合模式	1
		(3) 布局效率的评估方法	1
8．特许经营管理	8-1 特许经营市场分析	(1) 特许经营项目实施计划	1
		(2) 特许经营项目风险评估	1
		(3) 特许经营项目可行性评估	1
	8-2 特许经营模式设计	(1) 设计特许经营授权模式	1
		(2) 特许经营费用设计	1
		(3) 构建特许经营管理体系	1
	8-3 特许经营文件编制与落实	(1) 编制特许加盟招商文件	2
		(2) 履行特许经营合同	1
课堂学时合计			75

1.1.3 培训课程选择指导

职业基本素质培训课程为必修课程，相当于本职业的入门课程。各级别职业技能培训课程由培训机构教师根据培训学员实际情况，遵循高级别涵盖低级别的原则进行选择。原则上，初入职的培训学员应学习职业基本素质培训课程和四级／中级职业技能培训课程的全部内容，有职业技能等级提升需求的培训学员，可按照国家职业技能标准的"鉴定要求"，对照自身需求选择更高等级的培训课程。

具有一定从业经验、无职业技能等级提升需求的培训学员，可根据自身实际情况自主选择本职业培训课程体系。具体方法为：（1）选择课程模块；（2）在模块中筛选课程；（3）在课程中筛选学习单元；（4）组合成本次培训的整个课程。

培训教师可以根据以上方法对培训学员进行单独指导。对于订单培训，培训教师可以按照如上方法，对照订单要求进行培训课程的选择。

1.2 职业指南

1.2.1 职业描述

连锁经营管理师是使用连锁经营管理工具，进行业态定位、品类管理、营销企划、顾客服务、视觉营销等门店运营业务管理工作的人员。

1.2.2 职业培训对象

连锁经营管理师职业培训的主要对象包括：城乡未继续升学的应届高中毕业生、农村转移就业劳动者、城镇登记失业人员、转岗转业人员、退役军人、企业在职职工、高校毕业生等各类有培训需求的人员。

1.2.3 就业前景

在餐饮业、酒店、快消品等连锁企业中，市场对其有着大量的岗位需求，如企业的总部营运及采购、配送中心的仓储及配送和连锁门店的销售及资金结算等。连锁经营管理师可任职连锁企业总经理、店长、店长助理、运营经理、储备干部等职位，为企业提供营销策划、市场调研、商品采购、总部管理、门店管理、人力资源管理、物流配送等相关技术与服务，或围绕连锁企业从事自主创业活动，经营连锁服务公司等。

1.3 培训机构设置指南

1.3.1 师资配备要求

（1）培训教师任职基本条件

培训四级/中级、三级/高级连锁经营管理师的教师应具有本职业二级/技师及以上职业技能等级证书，或本专业中级及以上专业技术职务任职资格；培训二级/技师连锁经营管理师的教师应具有本职业一级/高级技师职业技能等级证书，或本专业高级及以上专业技术职务任职资格；培训一级/高级技师连锁经营管理师的教师应具有本职业一级/高级技师职业技能等级证书两年以上，或本专业高级及以上专业技术职务任职资格。

（2）培训教师数量要求（以20人培训班为基准）

1）四级/中级、三级/高级连锁经营管理师培训班教师数量要求：每班配备专兼职教师2~3人。其中专业理论教师不少于1人，实习指导教师不少于1人。培训规模超过20人的，按教师与学员之比不少于1∶20分别配备专业理论教师和实习指导教师。

2）二级/技师、一级/高级技师连锁经营管理师培训班教师数量要求：每班配备专兼职教师3~4人。其中专业理论教师不少于1人，实习指导教师不少于2人。培训规模超过20人的，按教师与学员之比不少于1∶20配备专业理论教师，按教师与学员之比不少于1∶10配备实习指导教师。

1.3.2 培训场所设备配置要求

理论知识培训场所应具有可容纳20名以上学员的标准教室，并配备投影仪、电视机及播放设备。操作技能培训场所应具有相关的场地、仪器设备及教学用具。

（1）理论知识培训场所设备配置要求：40平方米以上标准教室，多媒体教学设备（计算机、投影仪、幕布或显示屏、网络接入设备、音响设备），黑（白）板，20套以上桌椅，符合照明、通风、安全等相关规定。

（2）操作技能培训场所设备配置要求：实习工位充足，设备设施配套齐全，符合高效、环保、安全、卫生、消防、通风和照明等相关规定。培训场所应具备教师演示和学员练习两个功能，包括理论资料准备区、多媒体实训室等功能区。

实训设备、用具及其他物品、材料等配置要求如下：

序号	设备、用具及其他物品、材料	数量或规格说明	等级			
			四级/中级	三级/高级	二级/技师	一级/高级技师
1	文献资料查阅平台	1个	✓	✓	✓	✓
2	投影仪	5个	✓	✓	✓	✓
3	音响设备	10个	✓	✓	✓	✓
4	监控	10个	✓	✓	✓	✓
5	计算机	20~30台	✓	✓	✓	✓
6	黑板	5个	✓	✓	✓	✓
7	桌椅	50套	✓	✓	✓	✓
8	多功能打印机	5台	✓	✓	✓	✓
9	复印纸	若干	✓	✓	✓	✓
10	复写纸	若干	✓	✓	✓	✓
11	订书机	若干	✓	✓	✓	✓
12	复写板	若干	✓	✓	✓	✓
13	条形码	若干	✓	✓	✓	✓
14	饮水机	10台	✓	✓	✓	✓
15	一次性水杯	若干	✓	✓	✓	✓
16	灭火器	10个	✓	✓	✓	✓
17	消防栓	10个	✓	✓	✓	✓
18	消防斧	10个	✓	✓	✓	✓
19	安全锤	10个	✓	✓	✓	✓
20	直尺	若干	✓	✓	✓	✓
21	工具刀	20~30把	✓	✓	✓	✓
22	剪刀	20把	✓	✓	✓	✓
23	计算器	20~30个	✓	✓	✓	✓
24	铅笔	若干	✓	✓	✓	✓
25	记号笔	若干	✓	✓	✓	✓
26	签字笔	若干	✓	✓	✓	✓

续表

序号	设备、用具及其他物品、材料	数量或规格说明	等级			
			四级/中级	三级/高级	二级/技师	一级/高级技师
27	签到表	若干	✓	✓	✓	✓
28	记录本	若干	✓	✓	✓	✓
29	便利贴	若干	✓	✓	✓	✓
30	模拟账单	若干	✓	✓	✓	✓
31	模拟报表	若干	✓	✓	✓	✓
32	模拟订货单	若干	✓	✓	✓	✓
33	销售日报表	若干	✓	✓	✓	✓
34	应收账款单	若干	✓	✓	✓	✓
35	广告宣传册	若干	✓	✓	✓	✓
36	印泥	15个	✓	✓	✓	✓
37	印章	15个	✓	✓	✓	✓

1.3.3 教学资料配备要求

（1）培训规范：《连锁经营管理师国家职业技能标准》《连锁经营管理师职业基本素质培训要求》《连锁经营管理师职业技能培训要求》《连锁经营管理师职业基本素质培训课程规范》《连锁经营管理师职业技能培训课程规范》《连锁经营管理师职业基本素质培训考核规范》《连锁经营管理师职业技能培训理论知识考核规范》《连锁经营管理师职业技能培训操作技能考核规范》。

（2）教学资源、教材教辅、网络资源等内容必须符合"（1）培训规范"。

1.3.4 管理人员配备要求

（1）专职校长：1人，应具备大专及以上文化程度，中级及以上专业技术职务任职资格，从事职业技术教育及教学管理5年以上，熟悉职业培训的有关法律、法规。

（2）教学管理人员：1人以上，专职不少于1人；应具有大专及以上文化程度，中级及以上专业技术职务任职资格，从事职业技术教育及教学管理5年以上，具有丰富的教学管理经验。

（3）办公室人员：1人以上，应具有大专及以上文化程度。

（4）财务管理人员：2人，应具有大专及以上文化程度。

1.3.5 管理制度要求

应建立完备的管理制度，包括办学章程与发展规划、教学管理、教师管理、学员管理、财务管理、培训场所与设备管理制度。

2 课程包

2.1 培训要求

2.1.1 职业基本素质培训要求

职业基本素质模块	培训内容	培训细目
1. 职业道德与职业守则	1-1 职业道德	(1) 道德概述 (2) 职业道德含义 (3) 职业道德主要内容 (4) 职业道德特点 (5) 职业道德的社会作用
	1-2 职业守则	连锁经营管理师职业守则
2. 连锁经营管理原理	2-1 连锁经营认知	(1) 连锁经营的定义与特征 (2) 连锁经营的原则
	2-2 连锁经营的类型	(1) 直营连锁 (2) 特许连锁 (3) 自由连锁
	2-3 连锁企业的组织管理	(1) 连锁企业组织结构的基本类型 (2) 连锁企业的构成及职能
	2-4 连锁经营业态	(1) 业态概述 (2) 常见的连锁经营业态
3. 连锁经营产品管理	3-1 产品概述	(1) 产品的定义和层次 (2) 零售商品代码和连锁企业产品编码 (3) 产品质量标准
	3-2 品类管理概述	(1) 品类管理的基本概念 (2) 品类管理的流程
	3-3 品类定义	(1) 品类定义的概念和特点 (2) 品类定义的影响因素 (3) 产品组织结构 (4) 产品组合
	3-4 品类角色	(1) 品类角色的定义 (2) 品类角色定位 (3) 品类角色定位的考虑因素
4. 连锁经营营销管理	4-1 市场营销概述	(1) 市场 (2) 市场营销

续表

职业基本素质模块	培训内容		培训细目
4．连锁经营营销管理	4-2	消费者购买行为分析	(1) 消费者市场 (2) 消费者购买行为的定义和内容模式 (3) 消费者购买行为的特点 (4) 影响消费者购买行为的因素 (5) 消费者购买决策
	4-3	市场调查	(1) 市场调查概述 (2) 市场调查的内容 (3) 市场调查的程序 (4) 市场调查的方法
	4-4	价格管理	(1) 价格构成 (2) 定价方法 (3) 价格策略 (4) 影响定价的因素
	4-5	促销管理	(1) 促销概述 (2) 促销活动策划与实施
5．连锁经营顾客管理	5-1	顾客服务	(1) 顾客服务的定义 (2) 顾客服务的类型 (3) 提升顾客服务水平的方式
	5-2	顾客开发	(1) 顾客开发概述 (2) 顾客识别 (3) 新顾客开发途径
	5-3	顾客维护	(1) 顾客维护概述 (2) 顾客满意度 (3) 顾客忠诚度 (4) 顾客流失与挽留
	5-4	顾客资料收集与整理	(1) 顾客资料的定义与分类 (2) 顾客资料来源与收集方法 (3) 顾客资料的整理 (4) 数据库的功能与作用
6．连锁经营营运管理	6-1	采购管理	(1) 产品采购的定义 (2) 连锁企业产品采购的原则 (3) 连锁经营产品采购的目标 (4) 连锁企业内部采购组织的基本类型 (5) 跨企业采购组织形式 (6) 采购流程 (7) 订货

续表

职业基本素质模块	培训内容	培训细目
6．连锁经营营运管理	6-2 库存管理	(1) 库存概述 (2) 入库管理 (3) 在库管理 (4) 出库管理
	6-3 卖场布局	(1) 卖场规划原则 (2) 卖场空间划分 (3) 卖场空间划分与设计原则 (4) 卖场布局类型 (5) 卖场磁石点理论
	6-4 产品陈列	(1) 产品陈列概述 (2) 产品陈列的具体方法
	6-5 财务管理	(1) 财务管理的定义 (2) 连锁企业财务管理的特点 (3) 不同类型连锁企业财务管理 (4) 财务分析指标
	6-6 人力资源管理	(1) 人力资源管理概述 (2) 连锁企业人员配置的原则 (3) 连锁企业培训的内容 (4) 连锁企业绩效考评的作用 (5) 绩效管理的流程
7．连锁经营信息管理	7-1 连锁企业信息管理	(1) 信息与信息管理 (2) 连锁企业的信息构成 (3) 连锁企业信息采集 (4) 连锁企业信息处理
	7-2 连锁企业信息系统	(1) 信息系统概述 (2) 连锁企业信息系统的构成 (3) 主要信息系统的功能
8．安全与环保知识	8-1 安全知识	(1) 安全管理概述 (2) 消防安全 (3) 人身安全 (4) 食品安全
	8-2 环保知识	(1) 连锁企业节能减排的主要方向和要求 (2) 资源循环利用 (3) 绿色物流

续表

职业基本素质模块	培训内容	培训细目
9. 相关法律、法规知识	相关法律、法规知识	(1)《中华人民共和国民法典》相关知识 (2)《中华人民共和国劳动法》相关知识 (3)《中华人民共和国劳动合同法》相关知识 (4)《中华人民共和国公司法》相关知识 (5)《中华人民共和国产品质量法》相关知识 (6)《中华人民共和国价格法》相关知识 (7)《中华人民共和国反不正当竞争法》相关知识 (8)《中华人民共和国广告法》相关知识 (9)《中华人民共和国消费者权益保护法》相关知识 (10)《中华人民共和国商标法》相关知识 (11)《中华人民共和国食品安全法》相关知识 (12)《商业特许经营管理条例》相关知识

2.1.2 四级／中级职业技能培训要求

职业功能模块	培训内容	技能目标	培训细目
1. 产品管理	1-1 产品分类	1-1-1 能通过产品编码获取产品信息	(1) 产品条码的类型 (2) 产品条码的结构
		1-1-2 能识别产品	(1) 产品条码的识别 (2) 通过产品条码获取商品信息
		1-1-3 能按要求检查产品	(1) 产品检查的原则 (2) 产品检查的方式 (3) 产品检查的内容
	1-2 产品分析	1-2-1 能分析产品价格	(1) 产品价格的构成 (2) 产品价格的分析方法
		1-2-2 能分析产品经营状况	(1) 产品经营状况分析的指标 (2) 产品经营状况分析的方法
	1-3 采购管理	1-3-1 能提报产品需求，并实施订货与补货	(1) 产品订货与补货的原则 (2) 影响产品订货与补货的因素 (3) 产品补货
		1-3-2 能实施产品退换货	(1) 产品退换货的类型 (2) 产品退换货的流程

续表

职业功能模块	培训内容	技能目标	培训细目
1. 产品管理	1-4 库存管理	1-4-1 能实施产品出入库管理	(1) 产品入库准备 (2) 产品入库流程
		1-4-2 能实施产品盘点	(1) 产品在库管理的内容 (2) 产品堆码的方式 (3) 产品盘点作业
		1-4-3 能登记库存产品台账	(1) 产品出库的要求 (2) 产品出库的方式 (3) 产品出库的流程
2. 营销管理	2-1 消费者需求分析	2-1-1 能识别顾客购买行为	(1) 消费者购买行为概述 (2) 消费者购买行为的类型 (3) 消费者购买决策的过程
		2-1-2 能收集顾客需求信息	(1) 消费者需求 (2) 消费者需求信息的收集
	2-2 产品促销	2-2-1 能执行促销方案	(1) 产品促销概述 (2) 产品促销方案的执行
		2-2-2 能组织现场促销活动	(1) 现场促销概述 (2) 现场促销的方式 (3) 现场促销的流程 (4) 现场促销的管理
3. 营运管理	3-1 规范与质量管理	3-1-1 能执行门店营运规范、标准与流程	(1) 门店营运规范的内容 (2) 门店营运标准的内容 (3) 门店营运流程的内容
		3-1-2 能执行门店产品与服务质量标准	(1) 门店的产品标准 (2) 门店的服务标准 (3) 门店服务类型
		3-1-3 能执行门店环境与企业形象标准	(1) 门店环境的标准 (2) 企业形象的标准
	3-2 客服管理	3-2-1 能接待顾客并提供相应服务	(1) 顾客接待的规范 (2) 识别顾客需求
		3-2-2 能处理产品质量、服务接待等简单顾客投诉	(1) 顾客投诉的类型 (2) 处理顾客投诉的规范
		3-2-3 能识别并发展会员顾客	(1) 会员制 (2) 发展会员顾客的方法

续表

职业功能模块	培训内容	技能目标	培训细目
3．营运管理	3-3 安全与危机管理	3-3-1 能执行产品安全规范	(1) 产品安全的内容 (2) 产品安全的管理 (3) 产品安全的规范
		3-3-2 能监控公共设施与作业安全	(1) 公共设施安全管理 (2) 公共设施作业规范
		3-3-3 能确保现金安全	(1) 现金管理标准 (2) 现金安全管理规范
		3-3-4 能识别门店营运安全隐患	(1) 门店营运安全的内容 (2) 门店营运安全隐患的识别
		3-3-5 能处理偷窃、寻衅滋事等一般治安事件	(1) 偷窃事件概述 (2) 偷窃事件的处理
		3-3-6 能上报突发危机事件	(1) 门店突发危机事件的范围 (2) 应对突发危机事件的流程
4．信息与数字化管理	4-1 信息系统数据采集与处理	4-1-1 能按法律法规采集与存储数据信息	(1) 信息数据的采集 (2) 数据存储的方法
		4-1-2 能操作收银系统进行条码扫描、计价打印与收银管理	(1) 连锁门店收银机的类型 (2) POS 收银系统
		4-1-3 能操作顾客信息管理系统录入数据	(1) 顾客信息管理系统的概念 (2) 顾客信息管理系统的作用 (3) 顾客信息管理系统的信息录入
		4-1-4 能操作订货与盘点等管理系统录入数据	(1) 商品进货管理系统 (2) 订货系统操作与管理 (3) 盘点数据录入的操作流程
	4-2 数字化运营	4-2-1 能操作应用程序、公众号、小程序等软件	(1) 应用程序、公众号、小程序等软件的特点 (2) App、公众号、小程序等软件的操作方法
		4-2-2 能运用排队等位、定位、自助结算等系统实施门店营运	(1) 排队等位、定位等新媒体交互应用软件的特点 (2) 排队等位、定位等新媒体交互应用软件的操作方法
5．人员管理	5-1 招聘与培训管理	5-1-1 能提出人员招聘需求	(1) 门店招聘的需求分析 (2) 门店岗位的工作分析 (3) 确定门店人员配置的方法

续表

职业功能模块	培训内容	技能目标	培训细目
5．人员管理	5-1 招聘与培训管理	5-1-2 能引导新员工入职	(1) 引导新员工入职的内容 (2) 引导新员工入职的流程
		5-1-3 能指导员工工作	(1) TWI 的概念与特点 (2) TWI 要求的主管必备技能 (3) 工作指导的准备工作
	5-2 团队与绩效管理	5-2-1 能实施员工排班	(1) 员工排班的设计方法 (2) 员工排班的表格制作
		5-2-2 能评估员工绩效	(1) 绩效评估指标的类型 (2) 员工绩效评估的常用方法 (3) 员工绩效评估的原则与程序
6．财务管理	6-1 资产管理	6-1-1 能按要求管理固定资产	(1) 固定资产的特征和分类 (2) 固定资产的日常管理
		6-1-2 能按要求管理低值易耗品	(1) 低值易耗品的概念和种类 (2) 低值易耗品的日常管理
	6-2 资金管理	6-2-1 能实施收银流程	收银作业的流程
		6-2-2 能办理备用金支取	(1) 备用金支取的流程 (2) 备用金支取的管理制度
		6-2-3 能实施现金盘点及缴存	(1) 现金盘点制度 (2) 现金缴存的流程
	6-3 报表识读	6-3-1 能识读门店销售日报表	(1) 门店销售日报表的内容和作用 (2) 门店销售日报表的识读
		6-3-2 能识读门店毛利日报表	(1) 门店毛利日报表的内容和作用 (2) 门店毛利日报表的识读

2.1.3　三级 / 高级职业技能培训要求

职业功能模块	培训内容	技能目标	培训细目
1．产品管理	1-1 产品计划执行与评估	1-1-1 能陈列产品	(1) 产品陈列的原则 (2) 产品陈列的工具 (3) 产品陈列的方法
		1-1-2 能评估市场与竞争店的经营状况	(1) 产品市场评估 (2) 竞争店评估

培训要求（三级／高级）

续表

职业功能模块	培训内容	技能目标	培训细目
1. 产品管理	1-1 产品计划执行与评估	1-1-3 能实施供应商评估及商户资质的检核与年度复查	(1) 供应商评估内容 (2) 供应商评估标准
	1-2 产品经营分析	1-2-1 能计算产品单品数，并分析采销匹配度	(1) 产品销售分析的主要指标 (2) 产品销售的分析方法 (3) 采销匹配度
		1-2-2 能分析产品价格带	(1) 产品价格带选择的原则 (2) 产品价格带分析的依据 (3) 确定品类价格点的流程 (4) 反校品类的价格点
		1-2-3 能分析产品关联度	(1) 产品关联度分析的关键指标 (2) 产品关联关系的类别 (3) 购物篮分析
	1-3 采购管理	1-3-1 能制订产品采购计划，调整采购需求，并执行采购合同	(1) 采购计划编制的要求和影响因素 (2) 采购合同的执行
		1-3-2 能实施特殊产品与临时订单产品的订货	(1) 特殊产品订货 (2) 临时订单产品订货流程
		1-3-3 能设置自动补货参数	(1) 自动补货参数设置 (2) 自动补货量计算
	1-4 库存管理	1-4-1 能统计与分析库存数据	(1) 库存数据的内容 (2) 库存数据分析方法
		1-4-2 能编制门店盘点报告	(1) 门店盘点报告的内容 (2) 门店盘点报告的编制要求
2. 营销管理	2-1 消费者需求分析	2-1-1 能实施消费者需求与购买行为调查	(1) 消费者需求与购买行为调查的内容 (2) 消费者需求与购买行为调查的原则和步骤
		2-1-2 能分析消费者需求与购买行为	(1) 消费者购买行为分析方法 (2) 影响消费者需求与购买行为的因素
	2-2 促销管理	2-2-1 能编制促销计划与预算	(1) 促销计划的编制 (2) 促销预算的编制
		2-2-2 能制定促销价格与广告促销策略	(1) 促销产品价格调整 (2) 广告促销策略的适用范围

续表

职业功能模块	培训内容	技能目标	培训细目
3．营运管理	3-1 规范与质量管理	3-1-1 能督查与评估门店营运规范、标准和流程执行情况	(1) 门店营运规范、标准和流程的内容 (2) 督查和评估门店营运规范、标准和流程的执行 (3) 督查和评估门店营运规范、标准和流程的方法 (4) 日常巡店作业流程 (5) 店面陈列指导 (6) 实施5S活动
		3-1-2 能督查与评估门店产品和服务质量标准执行情况	(1) 产品采购质量管理 (2) 产品销售和使用过程的质量管理 (3) 顾客服务的质量管理
		3-1-3 能督查与评估门店环境和企业形象标准执行情况	(1) 督查与评估门店环境的方法 (2) 督查与评估连锁企业形象标准的方法
	3-2 客服管理	3-2-1 能识别服务需求	(1) 不同阶段的顾客服务需求 (2) 顾客服务需求的识别方法
		3-2-2 能处理索赔等复杂顾客投诉	(1) 复杂的顾客投诉类型 (2) 复杂的顾客投诉处理方法与流程
	3-3 安全与危机管理	3-3-1 能督查门店公共安全与内部安全	(1) 门店公共安全与内部安全检查项目及要求 (2) 安全隐患的类别与处理方法
		3-3-2 能实施消防演练	(1) 消防演练的流程和规范 (2) 消防演练的注意事项
		3-3-3 能处理零供纠纷等一般冲突	(1) 一般性冲突的内容 (2) 一般性冲突的处理流程与方法
4．信息与数字化管理	4-1 信息系统数据采集与处理	4-1-1 能运用顾客系统获取消费群体分析数据并整理	(1) 顾客数据分类 (2) 顾客数据来源 (3) 顾客数据的采集及应用
		4-1-2 能运用信息系统进行门店销售预测与库存信息化管理	(1) 连锁企业门店信息管理 (2) 连锁企业门店管理信息系统的概念与功能 (3) 连锁企业门店销售预测的方法 (4) 连锁企业门店配送中心库存的信息化管理
		4-1-3 能运用销售管理系统进行销售统计分析	(1) 销售数据汇总 (2) 销售数据处理

续表

职业功能模块	培训内容	技能目标	培训细目
4. 信息与数字化管理	4-2 数字化运营	4-2-1 能运用顾客营销系统进行精准营销	（1）顾客标签与顾客画像描述 （2）精准营销技术及应用
		4-2-2 能运用电子互动屏、人脸识别等应用软件获取数据	（1）电子互动屏、人脸识别等软件数据的获取方法 （2）新媒体在营销活动中的数据分析
	4-3 办公自动化管理	4-3-1 能运用办公软件起草电子文件、分析数据，并编制分析报告	（1）电子文档制作方法 （2）数据分析报告制作
		4-3-2 能运用办公软件进行数据合并、修正与计算	（1）办公软件分析数据的基本要求 （2）办公软件数据加工与处理方法 （3）办公软件的数据可视化与分析报告
		4-3-3 能运用移动终端办公应用程序等拟定与回复办公系统函件	（1）移动终端办公软件的特点和操作方法 （2）电子邮件的写作技巧和礼仪 （3）电子邮件的主要功能与原则
5. 人员管理	5-1 招聘与培训管理	5-1-1 能实施人员面试	（1）面试的准备工作 （2）面试提问的类型
		5-1-2 能实施企业文化、规章制度、健康与安全培训	（1）培训实施的方法 （2）培训的实施与管理 （3）培训实施的控制
		5-1-3 能指导管理工作	（1）管理者工作中的问题 （2）问题的分类
	5-2 团队与绩效管理	5-2-1 能制订员工绩效改进方案	（1）员工绩效差距分析方法 （2）员工绩效改进诊断分析
		5-2-2 能实施员工绩效面谈	（1）员工绩效面谈的内容 （2）员工绩效面谈的方式
		5-2-3 能实施团队协作	（1）团队协作的基础 （2）团队信任的标志 （3）提高团队协作的方法
		5-2-4 能组织团队建设活动	（1）团队概述 （2）团队不同阶段及发展方法

续表

职业功能模块	培训内容	技能目标	培训细目
6. 财务管理	6-1 资产管理	6-1-1 能统计产品损耗并分析原因	(1) 产品损耗统计 (2) 产品损耗原因分析
		6-1-2 能分析存货盘盈或盘亏原因	(1) 存货盘点盈亏原因分析 (2) 存货盘点盈亏处理方法
	6-2 资金管理	6-2-1 能实施资金结算	(1) 门店资金结算方式 (2) 门店资金结算流程 (3) 资金结算注意事项
		6-2-2 能建立应收账款台账并催收	(1) 应收账款台账编制原则 (2) 应收账款催收流程
	6-3 报表分析	6-3-1 能分析门店销售日报表和门店库存日报表	(1) 门店销售日报表分析方法 (2) 门店库存日报表分析方法
		6-3-2 能分析门店毛利日报表和门店利润日报表	(1) 门店毛利日报表分析方法 (2) 门店利润日报表分析方法

2.1.4 二级/技师职业技能培训要求

职业功能模块	培训内容	技能目标	培训细目
1. 产品管理	1-1 产品结构分析	1-1-1 能制订企业品类管理实施方案	(1) 品类管理实施的内容 (2) 品类管理实施的障碍
		1-1-2 能依据布局与货架空间效率制定产品结构优化策略	(1) 产品结构分析的内容 (2) 产品结构分析的方法 (3) 产品结构优化内容
		1-1-3 能通过业绩分析优化货架空间	(1) 货架空间管理的内容 (2) 货架空间优化的要素
	1-2 品牌招商管理	1-2-1 能运用招商政策实施品牌招商活动	(1) 品牌招商活动策划的内容 (2) 招商活动策划的方法 (3) 招商活动策划流程
		1-2-2 能实施品牌招商洽谈	(1) 品牌招商洽谈的原则 (2) 品牌招商洽谈的技巧
	1-3 采购管理	1-3-1 能选择采购渠道,确定采购方式	(1) 选择采购渠道 (2) 确定采购方式
		1-3-2 能优化采购流程	(1) 采购流程的影响因素 (2) 采购流程常见的问题 (3) 采购流程优化方法
		1-3-3 能实施供应商分级	(1) 供应商分级标准 (2) 供应商分级管理

续表

职业功能模块	培训内容	技能目标	培训细目
1．产品管理	1-4 库存管理	1-4-1 能制订库存计划，统筹区域库存	(1) 库存计划的影响因素 (2) 库存计划的内容 (3) 库存计划的编制方法 (4) 安全库存测算方法
		1-4-2 能调整库存结构	(1) 库存结构的概念 (2) 库存结构不合理的原因 (3) 库存结构调整方法
2．营销管理	2-1 市场定位	2-1-1 能制订消费者需求调查方案	(1) 消费者需求调查方案的内容 (2) 消费者需求调查方案编制方法
		2-1-2 能进行消费市场细分与定位	(1) 消费市场细分方法 (2) 消费市场定位方法
	2-2 宣传策划	2-2-1 能制订广告宣传方案	(1) 广告宣传方案内容 (2) 广告宣传方案编制步骤
		2-2-2 能策划公关宣传活动	(1) 公关宣传活动的目的和内容 (2) 公关宣传活动的策划方法
	2-3 营销策划	2-3-1 能制订营销方案，并评估营销效果	(1) 营销方案制订方法 (2) 制订营销方案的内容 (3) 营销效果评价
		2-3-2 能运用视觉营销实现营销效果	(1) 视觉营销内容 (2) 视觉营销策略
3．运营管理	3-1 规范与质量管理	3-1-1 能制定门店营运规范、标准与流程	(1) 门店营运规范、标准与流程的制定流程 (2) 门店营运规范、标准与流程的制定方法
		3-1-2 能制定门店产品与服务质量标准	(1) 门店产品质量标准的内容 (2) 门店服务质量标准的内容
		3-1-3 能制定门店环境与企业形象标准	(1) 门店环境与企业形象的具体内容 (2) 门店环境与企业形象的制定方法
		3-1-4 分析门店影响规范、标准执行的因素	(1) 影响门店规范、标准执行的因素 (2) 影响门店规范、标准执行的内容

续表

职业功能模块	培训内容	技能目标	培训细目
3. 运营管理	3-2 客服管理	3-2-1 能制定顾客服务策略	(1) 顾客服务策略的制定原则 (2) 顾客服务策略的制定方法
		3-2-2 能制定服务优化策略	(1) 服务优化的内容 (2) 服务优化策略的制定方法
	3-3 安全与危机管理	3-3-1 能制定企业安全管理标准	(1) 企业安全管理的内容 (2) 企业安全管理的标准
		3-3-2 能制定消防演练和应急预案	(1) 常见消防演练项目流程 (2) 安全应急预案内容
		3-3-3 能识别突发性危机事件与公共关系危机	(1) 突发性危机事件的类别与特征 (2) 公共关系危机的类别与特征
4. 信息与数字化管理	4-1 信息数据分析	4-1-1 能运用企业信息管理系统	(1) 连锁企业经营信息的主要内容 (2) 企业数据应用的方向
		4-1-2 能运用订单中心与库存管理系统进行库存数据分析	(1) 订单中心系统操作的流程 (2) 库存管理系统操作的流程
		4-1-3 能运用企业销售管理系统进行销售统计分析	(1) 企业销售管理系统的操作流程 (2) 企业销售管理系统的统计分析步骤
	4-2 信息系统管理	4-2-1 能明确门店信息管理系统需求	(1) 销售管理系统的统计分析步骤 (2) 汇总门店信息管理系统需求的方法
		4-2-2 能判断信息化逻辑结构与业务流程的匹配度	(1) 业务流程信息化的前提条件 (2) 企业信息化应用内容评估的流程
	4-3 数字化运营	4-3-1 能组织搭建新零售背景下全渠道平台	(1) 新零售背景下的各类渠道及其特点 (2) 第三方电子商务平台的评价与选择 (3) 建设第三方电子商务平台

续表

职业功能模块	培训内容	技能目标	培训细目
4. 信息与数字化管理	4-3 数字化运营	4-3-2 能运用客户关系管理系统进行顾客管理、个性化营销与消费者画像信息数据分析	(1) 客户关系管理系统的操作流程 (2) 顾客画像数据技术的应用 (3) 基于个性化的精准服务营销
		4-3-3 能运用数字技术优化产品采购规划、销售预测与定价管理	(1) 数据挖掘技术的概念 (2) 数字化技术的应用
5. 人员管理	5-1 团队及企业文化建设	5-1-1 能建设高效团队	(1) 贝尔宾团队角色认知 (2) 平衡团队角色的方法
		5-1-2 能建立团队沟通机制	(1) 团队沟通的障碍 (2) 解决团队冲突的对策 (3) 团队沟通障碍的解决途径
		5-1-3 能组织企业文化活动	(1) 企业文化的层次 (2) 企业文化的传播途径与方式
		5-1-4 能规范企业管理制度与流程设计	(1) 流程设计的原则 (2) 流程设计的程序 (3) 确定关键流程的方法
	5-2 培训管理	5-2-1 能制订培训方案	(1) 培训需求分析 (2) 员工培训实施方案内容 (3) 员工培训计划要点
		5-2-2 能评估培训效果	(1) 培训有效性评估的内容 (2) 培训有效性信息类型 (3) 培训有效性评估的方法
	5-3 绩效管理	5-3-1 能制定团队绩效目标与评估标准	(1) 绩效评估指标的类型 (2) 绩效目标设置的原则
		5-3-2 能实施绩效辅导	(1) 绩效辅导的内容 (2) 绩效辅导的方式
		5-3-3 能制订团队绩效改进方案	(1) 解决团队成员的不良绩效问题 (2) 改善团队绩效内容 (3) 进行团队的绩效追踪
6. 财务管理	6-1 资金管理	6-1-1 能分析资金需求	(1) 资金需求表内容 (2) 资金需求编制方法
		6-1-2 能分析资金使用效率	(1) 资金使用效率计算 (2) 资金使用效率的影响因素

续表

职业功能模块	培训内容	技能目标	培训细目
6. 财务管理	6-2 成本效益分析	6-2-1 能实施门店成本预测与决策	(1) 门店成本预测方法 (2) 门店成本决策方法
		6-2-2 能编制门店成本计划并控制执行	(1) 编制门店成本计划 (2) 执行门店成本控制
		6-2-3 能实施门店成本分析与成本目标管理	(1) 门店成本分析 (2) 门店成本目标管理
		6-2-4 能分析门店综合业绩与效益	(1) 门店经营绩效评价的内容 (2) 门店经营业绩与效益分析
	6-3 预算管理	6-3-1 能设定门店预算目标	(1) 门店预算的特征和作用 (2) 门店预算目标确定原则
		6-3-2 能编制门店预算	(1) 门店预算编制要求 (2) 门店预算编制方法和内容
		6-3-3 能控制门店预算执行并分析产生差异的原因	(1) 门店预算执行控制 (2) 门店预算的控制措施
7. 市场开发管理	7-1 市场分析	7-1-1 能选择目标市场	(1) 市场的概念 (2) 市场的构成 (3) 市场的细分
		7-1-2 能实施目标市场调查	(1) 目标市场人口属性调查 (2) 目标市场消费行为调查
		7-1-3 能实施目标市场分析并编制报告	(1) 目标市场分析的内容与方法 (2) 目标市场分析报告构成
	7-2 商圈分析	7-2-1 能明确商圈分析的内容与方法	(1) 商圈分析的内容 (2) 商圈分析的方法
		7-2-2 能实施商圈分析,并编制报告	(1) 商圈评估报告的构成 (2) 商圈评估报告的编制流程
	7-3 投资分析	7-3-1 能确定门店投资面积规模	(1) 业态选择 (2) 市场定位 (3) 市场需求
		7-3-2 能测算门店开发的成本	(1) 从成本角度切入 (2) 从投资角度切入
		7-3-3 能预估预选店铺业绩,并编制分析报告	(1) 客流预测 (2) 销售额预测
		7-3-4 能编制预选店铺环境与合规评估报告	(1) 预选店铺环境评估 (2) 预选店铺合规评估
		7-3-5 能编制门店开发投资分析报告	(1) 门店开发投资分析的步骤 (2) 门店开发投资分析的内容

续表

职业功能模块	培训内容	技能目标	培训细目
7. 市场开发管理	7-4 门店布局	7-4-1 能制订门店外部规划方案	(1) 门店外部规划原则 (2) 门店外部规划方案内容
		7-4-2 能规划顾客与产品动线	(1) 顾客动线的设计原则和内容 (2) 产品动线的设计原则和内容 (3) 动线设计的方法
		7-4-3 能进行门店产品、通道与设施布局规划	(1) 产品布局 (2) 通道布局 (3) 设施布局
8. 特许经营管理	8-1 加盟商引进	8-1-1 能运用加盟商选定标准实施招商活动	(1) 加盟商选定的标准 (2) 加盟商资质审核内容
		8-1-2 能推广加盟信息	(1) 加盟推广渠道与媒介 (2) 加盟商招募信息的要素 (3) 加盟推广方案的内容
		8-1-3 能选定加盟商	(1) 加盟商考察内容与申请资料标准 (2) 加盟商评估标准与方法
	8-2 特许经营督导与知识产权维护	8-2-1 能建立加盟商管理与培训机制	(1) 加盟商管理与培训内容 (2) 加盟商管理与培训方法
		8-2-2 能设计特许督导评价指标	(1) 督导评价指标原则 (2) 督导评价指标内容
		8-2-3 能维护特许经营知识产权	(1) 特许经营知识产权侵权行为的范畴 (2) 特许经营知识产权维护的流程与途径

2.1.5 一级/高级技师职业技能培训要求

职业功能模块	培训内容	技能目标	培训细目
1. 产品管理	1-1 制定产品战略	1-1-1 能进行产品定位	(1) 产品定位的概念 (2) 产品定位的类型 (3) 产品定位的方法
		1-1-2 能构建品类管理体系	(1) 品类管理体系的构成 (2) 品类管理制度制定 (3) 供应商协同的品类方案制定
		1-1-3 能实施品类战略回顾	(1) 品类管理回顾的目的 (2) 品类管理回顾的分类 (3) 实施品类战略回顾的内容

续表

职业功能模块	培训内容	技能目标	培训细目
1. 产品管理	1-2 品牌招商管理	1-2-1 能制定企业整体产品（品牌）招商规划	（1）招商规划方案编制的原则 （2）招商规划方案流程 （3）制定招商政策与编制招商文件
		1-2-2 能评估与维护产品（品牌）	（1）产品（品牌）外部环境评估要素 （2）产品（品牌）维护策略
	1-3 采购管理	1-3-1 能实施采购谈判	（1）采购谈判的内容 （2）采购谈判的策略 （3）采购谈判的方法
		1-3-2 能构建产品采购管理体系	（1）采购管理体系的构成 （2）产品采购管理体系的建立
		1-3-3 能制定供应商调整策略	（1）供应商绩效评估系统构建的原则 （2）供应商绩效评估系统的构成 （3）供应商调整
	1-4 库存管理	1-4-1 能制订配送中心库存与采购方案	（1）配送中心库存需求预测 （2）配送中心库存优化方案 （3）提高库存周转率的措施
		1-4-2 能制订库存优化与库存周转率提升方案	（1）配送中心采购的原则 （2）配送中心采购方案的内容
2. 营销管理	2-1 市场定位	2-1-1 能测算市场规模	（1）市场规模测算步骤 （2）市场规模测算方法
		2-1-2 能编制市场可行性分析报告	（1）市场可行性分析报告内容 （2）编制市场可行性分析报告的步骤和要求
	2-2 渠道管理	2-2-1 能选择与分析营销渠道组合	（1）营销渠道组合的模式 （2）营销渠道组合策略的分析
		2-2-2 能评估媒介营销效果	（1）媒介营销效果评估内容 （2）媒介营销效果评估标准
	2-3 营销策划	2-3-1 能制定线上与线下全渠道营销策略	（1）线上与线下全渠道营销策略的制定步骤 （2）线上与线下全渠道营销管理方法
		2-3-2 能制定品牌营销策略	（1）品牌营销策略内容 （2）品牌营销策略制定方法

续表

职业功能模块	培训内容	技能目标	培训细目
3. 营运管理	3-1 规范与质量管理	3-1-1 能构建营运管理体系	（1）公司营运管理体系的构成内容 （2）构建公司营运管理体系的路径
		3-1-2 能构建质量与环境标准体系	（1）质量与环境标准体系的构成内容 （2）公司质量管理手册编制的方法
		3-1-3 能编制营运管理手册	（1）公司营运管理手册编制的内容 （2）公司营运管理手册的编制方法
	3-2 客服管理	3-2-1 能构建服务管理标准体系	（1）公司服务管理分类 （2）公司服务标准
		3-2-2 能构建顾客忠诚度管理体系	顾客忠诚度管理体系的构成
	3-3 安全与危机管理	3-3-1 能构建营运安全管理体系	（1）公司安全管理体系建设内容 （2）公司危机管理体系建设内容
		3-3-2 能处置媒体舆情危机	（1）媒体舆情危机的处置方法 （2）媒体舆情危机的处置技巧
		3-3-3 能处置突发危机	（1）突发危机的处置流程 （2）突发危机的处置技巧
4. 信息与数字化管理	4-1 信息数据分析与决策	4-1-1 能运用企业营运信息系统分析与决策	（1）企业营运信息数据分析的方法 （2）运用企业营运数据决策的流程
		4-1-2 能运用企业供应链信息系统分析与决策	（1）企业供应链信息数据分析的方法 （2）运用企业供应链信息数据决策的流程
		4-1-3 能运用企业财务信息系统分析与决策	（1）企业财务信息数据分析的方法 （2）运用企业财务信息数据决策的流程
		4-1-4 能运用企业顾客管理信息系统分析与决策	（1）企业顾客信息数据分析的方法 （2）运用企业顾客信息数据决策的流程

续表

职业功能模块	培训内容	技能目标	培训细目
4．信息与数字化管理	4-2 数字化运营	4-2-1 能构建线上与线下数字化经营模式	(1) 数字化经营模式构建的基础要求 (2) 支持企业数字化转型需要构建的数字技术能力 (3) 数字化经营模式构建的管理实践
		4-2-2 能建立线上与线下数字化运营平台	(1) 数字化转型基本流程 (2) 数据中台的理念与构架 (3) 数字能力运营体系构建
5．人员管理	5-1 团队建设	5-1-1 能评估团队领导力的有效性	(1) 领导方式的基本类型 (2) 有效领导方式选择 (3) 胜任力与管理者胜任素质模型
		5-1-2 能建立激励机制与奖惩机制	(1) 建立激励机制和奖惩机制的原则 (2) 建立激励和奖惩机制的措施
		5-1-3 能评估薪酬体系的匹配度	(1) 薪酬的影响因素 (2) 薪酬设计的原则 (3) 薪酬激励的模式
	5-2 企业文化建设	5-2-1 能提出企业文化体系创新与优化建议	(1) 企业文化的功能 (2) 企业文化的诊断
		5-2-2 能跟踪企业文化体系建设并改进完善	(1) 企业文化系统构建的要素 (2) 企业文化系统构建的程序
6．财务管理	6-1 资产管理	6-1-1 能分析资产构成要素	(1) 资产构成要素 (2) 资产统计分析方法
		6-1-2 能实施资产优化	(1) 资产管理内容 (2) 资产管理的方法
	6-2 成本效益分析	6-2-1 能实施区域成本预测和决策	(1) 区域成本预测方法 (2) 区域成本决策方法
		6-2-2 能编制区域成本计划	(1) 区域成本计划编制的要求 (2) 区域成本计划编制的方法
		6-2-3 能实施区域成本分析和成本目标管理	(1) 区域成本分析 (2) 区域成本目标管理
		6-2-4 能分析区域综合业绩与效益	(1) 财务综合分析 (2) 区域综合绩效分析

续表

职业功能模块	培训内容	技能目标	培训细目
6. 财务管理	6-3 预算管理	6-3-1 能统筹区域预算目标	(1) 区域预算的内容和特征 (2) 区域预算目标确定原则
		6-3-2 能编制区域预算	(1) 区域预算编制原则 (2) 区域预算编制方法
		6-3-3 能平衡区域预算执行情况	(1) 区域预算差异分析 (2) 区域预算的调控策略
7. 市场开发管理	7-1 市场发展规划	7-1-1 能制定市场拓展战略与发展模式	(1) 市场拓展战略 (2) 市场发展模式
		7-1-2 能制定市场开发的流程与标准	(1) 市场开发流程 (2) 市场开发标准
	7-2 城市与商圈分析	7-2-1 能分析与评估目标城市	(1) 城市评估的基本要素 (2) 城市评估的方法
		7-2-2 能编制城市评估报告	(1) 城市评估报告的结构和内容 (2) 城市评估报告的编制要求
	7-3 投资分析	7-3-1 能构建门店开发评估体系	(1) 门店开发评估体系的内容 (2) 门店开发评估体系的构建方法
		7-3-2 能审定门店开发投资可行性	(1) 贴现现金流量法 (2) 投资回收期法
	7-4 门店布局	7-4-1 能实施门店卖场区域规划	(1) 门店布局 (2) 卖场区域划分标准 (3) 卖场区域划分方法 (4) 门店布局的形式
		7-4-2 能实施门店业态布局	(1) 按功能结构组合 (2) 按主力店结构组合
		7-4-3 能评估门店布局效率	门店布局效率内容
8. 特许经营管理	8-1 特许经营市场分析	8-1-1 能编制特许经营项目实施计划	(1) 特许经营项目实施计划的内容 (2) 特许经营项目实施计划编制的方法
		8-1-2 能提示项目风险,并提出应对策略	(1) 特许经营项目风险的构成 (2) 特许经营项目风险的防范措施
		8-1-3 能分析特许经营项目可行性并编制报告	(1) 特许经营项目可行性分析的要素 (2) 特许经营项目可行性分析的方法 (3) 特许经营项目可行性分析报告的内容

续表

职业功能模块	培训内容	技能目标	培训细目
8．特许经营管理	8-2 特许经营模式设计	8-2-1 能设计特许经营授权模式	(1) 特许经营授权模式内容 (2) 特许经营授权模式设计的方法 (3) 特许经营发展策略的类型
		8-2-2 能实施特许经营费用设计	(1) 特许经营费用的构成 (2) 特许经营费用设计的方法
		8-2-3 能构建特许经营管理体系	(1) 特许经营管理体系的构成内容 (2) 特许经营管理体系的设计方法
	8-3 特许经营文件编制与落实	8-3-1 能编制特许加盟招商文件	(1) 特许加盟招商文件的内容 (2) 加盟商运营管理的工作原则 (3) 加盟商运营管理手册的内容
		8-3-2 能制定特许经营合同条款	(1) 特许经营合同内容与条款 (2) 特许经营合同签订的流程 (3) 特许经营合同履行的注意事项

2.2 课程规范

2.2.1 职业基本素质培训课程规范

模块	课程	学习单元	课程内容	培训建议	课堂学时
1．职业道德与职业守则	1-1 职业道德	道德与职业道德	1) 道德概述 2) 职业道德含义 3) 职业道德主要内容 ①爱岗敬业 ②诚实守信 ③办事公道 ④热情服务 ⑤奉献社会	(1) 方法：讲授法、案例教学法、讨论法	1

续表

模块	课程	学习单元	课程内容	培训建议	课堂学时
1. 职业道德与职业守则	1-1 职业道德	道德与职业道德	4）职业道德特点 ①适用范围的有限性 ②发展的稳定性和连续性 ③表达形式的多样性		
			5）职业道德的社会作用 ①调节职业交往中从业者内部以及从业者与服务对象间的关系 ②有助于维护和提高本行业的信誉 ③促进本行业的发展 ④有助于提高全社会的道德水平	（2）重点与难点：连锁经营管理师职业道德的社会作用	
	1-2 职业守则	职业守则	连锁经营管理师职业守则	（1）方法：讲授法、案例教学法、讨论法 （2）重点与难点：连锁经营管理师职业守则	1
2. 连锁经营管理原理	2-1 连锁经营认知	连锁经营的认知	1）连锁经营的定义	（1）方法：讲授法、案例教学法、讨论法 （2）重点与难点：连锁经营的特征和原则	1
			2）连锁经营的特征 ①规模化 ②关联性 ③统一性		
			3）连锁经营的原则 ①专业化 ②标准化 ③简单化		
	2-2 连锁经营的类型	连锁经营的类型	连锁经营的类型 ①直营连锁 ②特许连锁 ③自由连锁	（1）方法：讲授法、案例教学法、讨论法 （2）重点：连锁经营的类型 （3）难点：连锁经营类型的区分	1

续表

模块	课程	学习单元	课程内容	培训建议	课堂学时
2．连锁经营管理原理	2-3 连锁企业的组织管理	连锁企业的组织管理	1）连锁企业组织结构的基本类型 ①直线制组织结构 ②直线职能制组织结构 ③事业部制组织结构	（1）方法：讲授法、案例教学法、讨论法 （2）重点：连锁企业的构成及职能	1
			2）连锁企业的构成及职能 ①连锁企业总部职能 ②连锁企业门店职能 ③连锁企业配送中心职能		
	2-4 连锁经营业态	连锁经营业态	1）业态概述 ①定义 ②业态的组合要素	（1）方法：讲授法、案例教学法、讨论法 （2）重点与难点：常见的连锁经营业态	1
			2）常见的连锁经营业态 ①零售业态 ②餐饮服务业态 ③住宿服务业态 ④其他服务业态		
3．连锁经营产品管理	3-1 产品概述	产品概述	1）产品的定义和层次 ①产品的定义 ②产品的层次	（1）方法：讲授法、案例教学法、讨论法、辅助视频法 （2）重点：产品质量标准 （3）难点：连锁企业产品编码与产品质量标准	1
			2）零售商品代码和连锁企业产品编码 ①零售商品代码 ②连锁企业产品编码		
			3）产品质量标准 ①产品质量标准的定义 ②产品质量标准的分类 ③产品标准化		
	3-2 品类管理概述	品类管理概述	1）品类管理的基本概念 ①品类管理的定义 ②品类管理对连锁企业的意义 ③品类管理的要素	（1）方法：讲授法、案例教学法、讨论法、情景模拟法	1

续表

模块	课程	学习单元	课程内容	培训建议	课堂学时
3.连锁经营产品管理	3-2 品类管理概述	品类管理概述	2）品类管理的流程 ①品类定义 ②品类角色 ③品类评估 ④品类评分表 ⑤品类策略 ⑥品类战术 ⑦品类计划实施 ⑧品类回顾	（2）重点：品类管理的要素 （3）难点：品类管理的流程	
	3-3 品类定义	（1）品类定义的概念、特点及其影响因素	1）品类定义的概念	（1）方法：讲授法、案例教学法、讨论法 （2）重点：品类定义的特点 （3）难点：品类定义的影响因素	1
			2）品类定义的特点 ①替代性 ②互补性		
			3）品类定义的影响因素 ①连锁企业的定位 ②消费者需求 ③购物者购买决策树 ④品类发展趋势 ⑤连锁企业的管理需求		
		（2）产品组织结构及产品组合	1）产品组织结构 ①产品组织结构的定义 ②产品组织结构的作用 ③产品组织结构表	（1）方法：讲授法、案例教学法、讨论法、辅助视频法 （2）重点：产品组织结构的作用 （3）难点：产品组合	1
			2）产品组合 ①广而深的产品组合 ②广而浅的产品组合 ③窄而深的产品组合 ④窄而浅的产品组合		
	3-4 品类角色	品类角色	1）品类角色的定义	（1）方法：讲授法、案例教学法、讨论法、辅助视频法 （2）重点：品类角色定位	1
			2）品类角色定位 ①连锁企业导向的品类角色定位 ②消费者导向的品类角色定位 ③跨品类分析的品类角色定位		

续表

模块	课程	学习单元	课程内容	培训建议	课堂学时
3．连锁经营产品管理	3-4 品类角色	品类角色	3）品类角色定位的考虑因素 ①品类对消费者的重要性 ②品类对连锁企业的重要性 ③品类对市场的重要性 ④品类对竞争者的重要性	（3）难点：品类角色定位的考虑因素	
4．连锁经营营销管理	4-1 市场营销概述	市场营销概述	1）市场 ①市场定义 ②市场构成要素	（1）方法：讲授法、案例教学法 （2）重点与难点：市场构成要素	1
			2）市场营销 ①市场营销的定义 ②市场营销的核心概念		
	4-2 消费者购买行为分析	消费者购买行为分析	1）消费者市场 ①消费者市场定义 ②消费品的分类 ③消费者市场的特点	（1）方法：讲授法、讨论法、案例教学法、辅助视频法 （2）重点：消费者购买行为的特点 （3）难点：消费者购买决策	1
			2）消费者购买行为的定义和内容模式 ①定义 ②消费者购买行为的内容模式		
			3）消费者购买行为的特点 ①消费需求的多样性 ②消费需求的发展性 ③消费需求的伸缩性 ④消费需求的层次性 ⑤消费需求的时代性 ⑥消费需求的可诱导性 ⑦消费需求的联系性和替代性		
			4）影响消费者购买行为的因素 ①社会文化因素 ②个人因素 ③心理因素		
			5）消费者购买决策 ①消费者购买决策的参与者 ②消费者购买行为类型 ③消费者购买决策过程		

续表

模块	课程	学习单元	课程内容	培训建议	课堂学时
4．连锁经营营销管理	4-3 市场调查	市场调查	1）市场调查概述 ①市场调查的定义 ②市场调查的类型 2）市场调查的内容 ①市场环境调查 ②市场需求调查 ③市场营销因素调查 ④市场竞争情况调查 3）市场调查的程序 ①确定调研目标 ②制订调研计划 ③实施调研计划 ④资料整理分析 ⑤撰写调研报告 4）市场调查的方法 ①询问法 ②观察法 ③实验法	（1）方法：讲授法、讨论法、实训（练习）法、案例教学法、情景模拟法 （2）重点：市场调查的程序 （3）难点：市场调查的内容	1
	4-4 价格管理	价格管理	1）价格构成 ①生产成本 ②流通费用 ③税金 ④利润 2）定价方法 ①成本导向定价法 ②需求导向定价法 ③竞争导向定价法 3）价格策略 ①心理定价策略 ②折扣定价策略 ③产品组合定价策略 ④差别定价策略 4）影响定价的因素 ①企业内部因素 ②企业外部因素	（1）方法：讲授法、讨论法、案例教学法 （2）重点：定价方法 （3）难点：价格策略	1

续表

模块	课程	学习单元	课程内容	培训建议	课堂学时
4. 连锁经营营销管理	4-5 促销管理	促销管理	1) 促销概述 ①促销的定义 ②促销的特征 ③促销的目的 ④连锁企业促销的类型	(1) 方法：讲授法、讨论法、案例教学法 (2) 重点与难点：促销活动策划与实施	1
			2) 促销活动策划与实施 ①促销活动策划 ②促销活动的实施		
5. 连锁经营顾客管理	5-1 顾客服务	顾客服务	1) 顾客服务的定义 ①顾客 ②顾客服务	(1) 方法：讲授法、讨论法、案例教学法、情景模拟法 (2) 重点与难点：提升顾客服务水平的方式	1
			2) 顾客服务的类型 ①按购买过程的阶段分类 ②按投入的资源分类 ③按顾客需要分类		
			3) 提升顾客服务水平的方式 ①根据顾客需要不断调整服务项目 ②寻找并控制关键的服务点 ③设计具体可行的服务标准 ④妥善处理顾客抱怨		
	5-2 顾客开发	顾客开发	1) 顾客开发概述 ①顾客开发的定义 ②顾客开发的目的 ③顾客开发的意义	(1) 方法：讲授法、讨论法、案例教学法 (2) 重点：顾客识别 (3) 难点：新顾客开发途径	1
			2) 顾客识别 ①顾客识别的定义 ②顾客识别的意义 ③识别有价值的顾客 ④潜在顾客识别		
			3) 新顾客开发途径 ①自然进店途径 ②门店宣传途径 ③转介绍途径 ④异业联盟途径 ⑤电话营销途径		

续表

模块	课程	学习单元	课程内容	培训建议	课堂学时
5.连锁经营顾客管理	5-3 顾客维护	顾客维护	1）顾客维护概述 ①顾客维护的定义 ②顾客维护的目的 ③顾客维护的方法	（1）方法：讲授法、讨论法、案例教学法、情景模拟法 （2）重点：顾客满意度 （3）难点：顾客维护	1
			2）顾客满意度 ①顾客满意 ②顾客满意度概述 ③顾客满意的重要性 ④影响顾客满意度的因素 ⑤提高顾客满意度的途径		
			3）顾客忠诚度 ①顾客忠诚的定义 ②顾客忠诚度类型 ③顾客忠诚的重要性 ④影响顾客忠诚度的因素 ⑤提升顾客忠诚度的方法		
			4）顾客流失与挽留 ①顾客流失的原因 ②顾客挽留的方法		
	5-4 顾客资料收集与整理	顾客资料收集与整理	1）顾客资料的定义与分类 ①顾客资料的定义 ②顾客资料的分类 ③顾客资料管理的重要性	（1）方法：讲授法、讨论法、案例教学法、情景模拟法 （2）重点：顾客资料整理 （3）难点：数据库的功能与作用	1
			2）顾客资料来源与收集方法 ①顾客资料的来源 ②收集顾客资料的方法 ③收集顾客资料的步骤		
			3）顾客资料的整理 ①建立顾客资料档案 ②顾客资料处理 ③顾客资料分类 ④制定资料检索方式 ⑤制作顾客资料卡片 ⑥顾客资料的维护与更新		
			4）数据库的功能与作用 ①顾客数据库的定义 ②顾客数据库的功能 ③顾客数据库的分类 ④顾客数据库的要求 ⑤顾客数据库的作用		

续表

模块	课程	学习单元	课程内容	培训建议	课堂学时
6. 连锁经营营运管理	6-1 采购管理	采购管理	1）产品采购的定义	（1）方法：讲授法、讨论法、案例教学法 （2）重点：连锁企业产品采购的原则	1
			2）连锁企业产品采购的原则 ①经营业态原则 ②产品组合原则 ③高周转率原则 ④毛利率目标原则 ⑤安全卫生原则 ⑥进退货规定原则 ⑦非营业收益原则 ⑧差异化原则 ⑨以需定进原则		
			3）连锁经营产品采购的目标 ①提供不间断的产品供应，使整个组织正常运转 ②使存货成本和损失最小 ③发展有竞争力的供应商 ④当条件允许时，将采购的产品标准化 ⑤以最低的总成本获得所需的产品和服务 ⑥提高企业的竞争力 ⑦建立和谐而富有效率的工作关系 ⑧以最低水平的管理费用完成连锁经营采购目标		
			4）连锁企业内部采购组织的基本类型 ①集权式采购 ②分权式采购 ③混合式采购		
			5）跨企业采购组织形式 ①联合采购 ②采购联盟		
			6）采购流程 ①提出采购需求计划 ②认证供应商 ③发出采购订单 ④跟踪订单 ⑤接收货物 ⑥购后评估		

续表

模块	课程	学习单元	课程内容	培训建议	课堂学时
6. 连锁经营营运管理	6-1 采购管理	采购管理	7）订货 ①定义 ②类型 ③库存水平不当的影响 ④合理订货量的确定	（3）难点：连锁经营产品采购的目标	
	6-2 库存管理	库存管理	1）库存概述 ①库存的定义 ②库存的作用 ③库存的分类 2）入库管理 ①收货准备 ②产品核验 ③收货记录并出具验收单 ④产品入库或补入排面 3）在库管理 ①产品在库管理的内容 ②存货方式 ③存货原则 ④盘点管理 4）出库管理 ①货物出库的要求 ②产品出库的基本方式 ③出库业务程序	（1）方法：讲授法、讨论法、案例教学法 （2）重点：出库管理和入库管理 （3）难点：在库管理	1
	6-3 卖场布局	卖场布局	1）卖场规划原则 ①让顾客容易进入，提升进店率 ②让顾客走过每一个区域，提高通过率 ③让顾客停留得更久，增加成交机会 ④在顾客愉悦空间与产品展示空间之间取得平衡 2）卖场空间划分 ①前方设施 ②中央设施 ③后方设施	（1）方法：讲授法、讨论法、案例教学法、情景模拟法	2

续表

模块	课程	学习单元	课程内容	培训建议	课堂学时
6. 连锁经营营运管理	6-3 卖场布局	卖场布局	3）卖场空间划分与设计原则 ①门店出入口的设计原则 ②货架的设置原则 ③通道设计的原则 ④收银台的设计原则 ⑤卖场照明的设计 ⑥卖场的色彩设计 4）卖场布局类型 ①方格型布局 ②跑道型布局 ③自由型布局 5）卖场磁石点理论 ①第一磁石点：主力产品 ②第二磁石点：展示观感强的产品 ③第三磁石点：端架产品 ④第四磁石点：单项产品 ⑤第五磁石点：卖场堆头	（2）重点：卖场空间划分与设计原则 （3）难点：卖场磁石点理论	
	6-4 产品陈列	产品陈列	1）产品陈列概述 ①产品陈列的定义 ②产品陈列的原则 2）产品陈列的具体方法 ①主题陈列 ②端头陈列 ③突出陈列 ④关联陈列 ⑤悬挂陈列 ⑥量感陈列 ⑦岛形陈列 ⑧散装或混合陈列	（1）方法：讲授法、讨论法、实训（练习）法、案例教学法、情景模拟法 （2）重点与难点：产品陈列的具体方法	1
	6-5 财务管理	财务管理	1）财务管理的定义 2）连锁企业财务管理的特点 ①统一核算，分级管理 ②票流、物流分开 ③资产统一运作，资金统一使用，发挥规模效益 ④地位平等，利益均衡	（1）方法：讲授法、讨论法、实训（练习）法、案例教学法	1

续表

模块	课程	学习单元	课程内容	培训建议	课堂学时
6. 连锁经营营运管理	6-5 财务管理	财务管理	3）不同类型连锁企业财务管理 ①直营连锁企业财务管理 ②特许连锁企业财务管理 ③自由连锁企业财务管理 4）财务分析指标 ①收益性指标 ②安全性指标 ③效率性指标 ④发展性指标	（2）重点：不同类型连锁企业财务管理 （3）难点：财务分析指标	
	6-6 人力资源管理	人力资源管理	1）人力资源管理概述 ①人力资源管理的定义 ②连锁企业人力资源管理的特点 2）连锁企业人员配置的原则 ①能级对应原则 ②优势定位原则 ③动态调节原则 ④内外兼顾原则 3）连锁企业培训的内容 ①新员工培训 ②在职员工培训 4）连锁企业绩效考评的作用 ①人员培训与开发 ②劳动工资与报酬 ③员工的岗位调配 ④员工提升与晋级 5）绩效管理的流程 ①确定绩效目标 ②制订绩效计划 ③绩效的实施与管理 ④绩效评价 ⑤绩效面谈 ⑥绩效评价结果的应用	（1）方法：讲授法、讨论法、实训（练习）法、案例教学法 （2）重点：连锁企业人员配置的原则和绩效管理的流程 （3）难点：连锁企业培训的内容	1
7. 连锁经营信息管理	7-1 连锁企业信息管理	连锁企业信息管理	1）信息与信息管理 ①信息的定义 ②信息的特点 ③信息管理的定义 ④信息管理的主要内容	（1）方法：讲授法、讨论法、案例教学法	1

续表

模块	课程	学习单元	课程内容	培训建议	课堂学时
7. 连锁经营信息管理	7-1 连锁企业信息管理	连锁企业信息管理	2）连锁企业的信息构成 ①企业内部信息 ②企业外部信息 3）连锁企业信息采集 ①信息采集的要求 ②信息采集的准备 4）连锁企业信息处理 ①鉴别 ②筛选 ③整序 ④初步激活 ⑤编写	（2）重点：连锁企业的信息构成 （3）难点：连锁企业信息管理	
	7-2 连锁企业信息系统	连锁企业信息系统	1）信息系统概述 ①信息系统的定义 ②信息系统的功能 ③信息系统的分类 ④信息系统的作用 2）连锁企业信息系统的构成 ①总部管理系统 ②门店管理系统 ③配送中心管理系统 ④物流管理系统 3）主要信息系统的功能 ①销售时点系统 ②电子数据交换系统 ③电子订货系统 ④管理信息系统	（1）方法：讲授法、讨论法、案例教学法、情景模拟法 （2）重点：主要信息系统的功能 （3）难点：连锁企业信息系统的构成	1
8. 安全与环保知识	8-1 安全知识	安全知识	1）安全管理概述 ①安全管理的重要性 ②安全管理作业 2）消防安全 ①消防系统及消防设备 ②消防安全现场管理 3）人身安全 ①员工作业安全管理 ②消费者购物安全管理	（1）方法：讲授法、讨论法、案例教学法、情景模拟法 （2）重点：消防安全和人身安全	1

续表

模块	课程	学习单元	课程内容	培训建议	课堂学时
8．安全与环保知识	8-1 安全知识	安全知识	4）食品安全 ①食品安全的概念 ②食品采购安全管理 ③食品储存安全管理 ④食品销售安全管理 ⑤不合格食品退市管理	（3）难点：食品安全和消防安全	
	8-2 环保知识	环保知识	1）连锁企业节能减排的主要方向和要求 ①基本要求 ②建筑及结构维护 ③空调暖通设备 ④照明设备 ⑤电梯设备 ⑥冷链设备 ⑦水资源设备 ⑧环保设备 ⑨综合管理 2）资源循环利用 ①垃圾分类 ②再生资源回收 3）绿色物流 ①绿色运输 ②绿色包装 ③绿色仓储 ④绿色装卸搬运 ⑤绿色流通加工	（1）方法：讲授法、讨论法、案例教学法、情景模拟法 （2）重点：资源循环利用和绿色物流 （3）难点：连锁企业节能减排的主要方向和要求、资源循环利用	1
9．相关法律、法规知识	相关法律、法规知识	相关法律、法规知识	1）《中华人民共和国劳动法》相关知识 2）《中华人民共和国劳动合同法》相关知识 3）《中华人民共和国民法典》合同编相关知识 4）《中华人民共和国公司法》相关知识 5）《中华人民共和国产品质量法》相关知识 6）《中华人民共和国价格法》相关知识	（1）方法：讲授法、案例教学法	1

续表

模块	课程	学习单元	课程内容	培训建议	课堂学时
9. 相关法律、法规知识	相关法律、法规知识	相关法律、法规知识	7)《中华人民共和国反不正当竞争法》相关知识	（2）重点与难点：《中华人民共和国产品质量法》相关知识和《中华人民共和国反不正当竞争法》相关知识	
			8)《中华人民共和国广告法》相关知识		
			9)《中华人民共和国消费者权益保护法》相关知识		
			10)《中华人民共和国商标法》相关知识		
			11)《中华人民共和国食品安全法》相关知识		
			12)《商业特许经营管理条例》相关知识		
课程学时合计					32

2.2.2 四级／中级职业技能培训课程规范

模块	课程	学习单元	课程内容	培训建议	课堂学时
1. 产品管理	1-1 产品分类	（1）解读产品条码编码	1) 产品条码的类型 ①根据产品条码的结构分类 ②根据产品条码的作用分类	（1）方法：讲授法、实训（练习）法、案例教学法 （2）重点与难点：产品条码的结构	1
			2) 产品条码的结构 ①起始字符 ②数据字符 ③校验字符 ④终止字符		
		（2）识别产品	1) 产品条码的识别 ①供应商识别代码 ②产品项目代码 ③校验码	（1）方法：讲授法、实训（练习）法、案例教学法 （2）重点与难点：通过产品条码获取产品信息	2
			2) 通过产品条码获取产品信息		

续表

模块	课程	学习单元	课程内容	培训建议	课堂学时
1．产品管理	1-1 产品分类	（3）产品检查	1）产品检查的原则 ①及时性原则 ②准确性原则 ③经济性原则 2）产品检查的方式 ①全数检验 ②抽样检验 3）产品检查的内容 ①产品陈列环境检查 ②产品外观质量检查 ③产品保质期检查 ④特殊产品检查	（1）方法：讲授法、实训（练习）法、案例教学法 （2）重点与难点：产品检查的内容	2
	1-2 产品分析	（1）产品价格分析	1）产品价格的构成 ①采购成本 ②流通费用 ③税金 ④利润 2）产品价格的分析方法	（1）方法：讲授法、讨论法 （2）重点与难点：产品价格的分析方法	1
		（2）产品经营状况分析	1）产品经营状况分析的指标 ①销售收入 ②销售毛利 ③毛利率 ④市场占有率 ⑤销售增长率 2）产品经营状况分析的方法 ①目标对比分析法 ②同期对比分析法 ③门店对比分析法	（1）方法：讲授法、讨论法、案例教学法 （2）重点与难点：产品经营状况分析的方法	3
	1-3 采购管理	（1）订货与补货作业	1）产品订货与补货的原则 ①产品订货的原则 ②产品补货的原则 2）影响产品订货与补货的因素 ①现有库存情况 ②日均销量 ③快讯产品销量 ④地方消费习性 ⑤陈列面情况	（1）方法：讲授法、讨论法、案例教学法 （2）重点与难点：影响产品订货与补货的因素	3

续表

模块	课程	学习单元	课程内容	培训建议	课堂学时
1. 产品管理	1-3 采购管理	(2) 退换货作业	1) 产品退换货的类型 ①协议退换货 ②质量问题退换货 ③错发货退换货 ④搬运中受损退换货 ⑤产品过期退货 ⑥试销产品退货 2) 产品退换货的流程 ①产品换货的流程 ②产品退货的流程	(1) 方法：讲授法、讨论法、案例教学法、实训（练习）法 (2) 重点与难点：产品退换货的流程	3
	1-4 库存管理	(1) 办理产品入库	1) 产品入库准备 ①产品入库准备的概念 ②入库通知单 ③产品入库准备的工作内容 2) 产品入库流程 ①产品入库管理 ②产品入库作业流程	(1) 方法：讲授法、讨论法、案例教学法、实训（练习）法 (2) 重点与难点：产品入库流程	2
		(2) 在库管理与盘点作业	1) 产品在库管理的内容 ①分区分类 ②货位编码 ③货位选择 ④产品堆码 ⑤产品苫垫 ⑥产品盘点 2) 产品堆码的方式 ①重叠式堆码 ②压缝式堆码 ③纵横交错式堆码 ④仰俯相间式堆码 ⑤梯形堆码（通风垛） ⑥五五化堆码 3) 产品盘点作业 ①盘点作业的内容 ②盘点作业的方法	(1) 方法：讲授法、讨论法、案例教学法、实训（练习）法、情景模拟法 (2) 重点与难点：产品盘点作业	3
		(3) 办理产品出库	1) 产品出库的要求 ①严格遵守产品出库的各项规章制度 ②严格遵守"先进先出"的原则 ③严格遵守"三不""三核""五检查"的原则	(1) 方法：讲授法、讨论法、案例教学法、实训（练习）法、情景模拟法	1

续表

模块	课程	学习单元	课程内容	培训建议	课堂学时
1. 产品管理	1-4 库存管理	(3) 办理产品出库	2) 产品出库的方式 ①送货上门 ②自提	(2) 重点与难点：产品出库的流程	
			3) 产品出库的流程 ①核单备货 ②复核 ③包装 ④点交 ⑤登账 ⑥清理		
2. 营销管理	2-1 消费者需求分析	(1) 识别消费者购买行为	1) 消费者购买行为概述 ①消费者购买行为的概念 ②消费者购买行为的基本特点	(1) 方法：讲授法、讨论法、案例教学法、情景模拟法 (2) 重点与难点：消费者购买决策的过程	3
			2) 消费者购买行为的类型 ①按购买的态度与要求划分 ②按购买心理划分 ③按购买的目标确定程度划分		
			3) 消费者购买决策的过程 ①认识需求 ②收集信息 ③备选商品评估 ④购买决策 ⑤购后行为		
		(2) 收集消费者需求信息	1) 消费者需求 ①消费者需求的概念 ②确定消费者需求的原则	(1) 方法：讲授法、讨论法、实训（练习）法、案例教学法 (2) 重点与难点：消费者需求信息的收集	2
			2) 消费者需求信息的收集 ①接近消费者 ②收集信息		
	2-2 产品促销	(1) 执行促销方案	1) 产品促销概述 ①促销的概念 ②促销的作用	(1) 方法：讲授法、讨论法、实训（练习）法、案例教学法 (2) 重点与难点：产品促销方案的执行	2
			2) 产品促销方案的执行 ①促销方案的执行阶段 ②促销方案的实施流程		

续表

模块	课程	学习单元	课程内容	培训建议	课堂学时
2．营销管理	2-2 产品促销	（2）组织现场促销活动	1）现场促销概述 ①现场促销的概念 ②现场促销的优势 2）现场促销的方式 ①限时折扣 ②面对面促销 ③赠品促销 ④免费试用 3）现场促销的流程 ①准备阶段 ②实施阶段 4）现场促销的管理	（1）方法：讲授法、讨论法、实训（练习）法、案例教学法 （2）重点与难点：现场促销的流程	3
3．营运管理	3-1 规范与质量管理	（1）执行门店营运规范、标准与流程	1）门店营运规范的内容 ①环境管理 ②人员管理 ③进货管理 ④营销管理 ⑤库存管理 ⑥现金管理 ⑦绩效评估 2）门店营运标准的内容 ①门店布局与产品陈列控制 ②产品缺货率控制 ③单据控制 ④盘点控制 ⑤缺损率控制 ⑥服务质量控制 ⑦经营业绩控制 3）门店营运流程的内容 ①门店的开发与规划 ②门店内外环境设计与商品陈列管理 ③门店工作人员作业化管理 ④门店现场服务管理 ⑤门店商品营销管理 ⑥门店现场设备的养护与维修管理 ⑦门店现场安全管理	（1）方法：讲授法、讨论法、实训（练习）法、案例教学法、情景模拟法 （2）重点与难点：门店营运流程的内容	5

续表

模块	课程	学习单元	课程内容	培训建议	课堂学时
3. 营运管理	3-1 规范与质量管理	（2）执行门店产品与服务标准	1）门店的产品标准 ①产品标准的概念 ②产品标准的类型 2）门店的服务标准 ①等价交换、买卖公平 ②保证产品质量 ③对待顾客要诚实守信 ④广告要实事求是 ⑤礼貌待客 ⑥廉洁奉公 3）门店服务类型 ①售前服务 ②售中服务 ③售后服务	（1）方法：讲授法、讨论法、实训（练习）法、案例教学法 （2）重点与难点：门店的服务标准	5
		（3）执行门店环境与企业形象标准	1）门店环境的标准 ①门店出入口的基本要求 ②收银区的基本要求 ③食品、百货区的基本要求 ④生鲜区的基本要求 ⑤垃圾处理的基本要求 ⑥库房的基本要求 ⑦环保的基本要求 ⑧设施设备的基本要求 2）企业形象的标准 ①企业内部形象的塑造 ②企业外部形象的规划	（1）方法：讲授法、讨论法、实训（练习）法、案例教学法 （2）重点与难点：企业形象的标准	3
	3-2 客服管理	（1）接待顾客	1）顾客接待的规范 ①接待的礼仪规范 ②接待的仪容规范 ③接待的服务用语规范 2）识别顾客需求	（1）方法：讲授法、讨论法、实训（练习）法、案例教学法 （2）重点与难点：识别顾客需求	2
		（2）处理简单的顾客投诉	1）顾客投诉的类型 ①环境投诉 ②商品投诉 ③服务投诉	（1）方法：讲授法、讨论法、实训（练习）法、案例教学法、情景模拟法	2

续表

模块	课程	学习单元	课程内容	培训建议	课堂学时
3. 营运管理	3-2 客服管理	（2）处理简单的顾客投诉	2）处理顾客投诉的规范 ①保持心情平静并给予有效倾听 ②与顾客产生共鸣 ③表示歉意 ④分析顾客投诉的原因 ⑤提出解决方案 ⑥执行解决方案 ⑦深刻检讨，改善服务水平	（2）重点与难点：处理顾客投诉的规范	
		（3）识别并发展会员顾客	1）会员制 ①会员制的概述 ②会员制的类型 ③会员制的特征 ④会员制的价值 2）发展会员顾客的方法 ①会员制营销规划 ②会员制营销的实施	（1）方法：讲授法、讨论法、实训（练习）法、案例教学法 （2）重点与难点：发展会员顾客的方法	2
	3-3 安全与危机管理	（1）执行产品安全规范	1）产品安全的内容 2）产品安全的管理 ①进货环节 ②过程监控 ③质量检查要点 3）产品安全的规范 ①门店产品质量和食品安全法律法规 ②门店食品质量安全管理系统	（1）方法：讲授法、讨论法、实训（练习）法、案例教学法 （2）重点与难点：产品安全的管理	2
		（2）公共设施安全管理与作业规范	1）公共设施安全管理 ①消防安全管理 ②设备安全管理 ③其他重点部位的安全管理 2）公共设施作业规范 ①明确安全管理人员和职责 ②安全培训 ③安全审核 ④安全器材、自动报警系统 ⑤营业区安全标准 ⑥安全出口标准 ⑦库房安全标准 ⑧配电室安全标准 ⑨设施设备安全标准 ⑩安全人员管理	（1）方法：讲授法、讨论法、案例教学法 （2）重点与难点：公共设施作业规范	2

续表

模块	课程	学习单元	课程内容	培训建议	课堂学时
3. 营运管理	3-3 安全与危机管理	（3）现金安全	1）现金管理标准 ①零用金的管理 ②大钞管理 ③交接班现金管理 ④营业收入管理 2）现金安全管理规范 ①出纳现金的管理 ②现金营业款的管理 ③现金进货的管理 ④大宗业务销货现金的管理 ⑤现金借支的管理 ⑥其他款项的管理	（1）方法：讲授法、讨论法、案例教学法、情景模拟法 （2）重点与难点：现金安全管理规范	1
		（4）门店营运安全隐患	1）门店营运安全的内容 ①消防安全管理 ②防抢安全管理 ③防骗安全管理 ④停电安全管理 ⑤员工作业安全管理 2）门店营运安全隐患的识别 ①顾客和员工的人身安全 ②店内安全 ③店外安全 ④财产安全 ⑤提高门店全体员工的安全意识 ⑥设备设施的安全隐患 ⑦产品的安全隐患 ⑧消防安全	（1）方法：讲授法、讨论法、案例教学法、情景模拟法 （2）重点与难点：门店营运安全隐患的识别	2
		（5）处理偷窃事件	1）偷窃事件概述 ①易发生偷窃的场所 ②偷窃行为的判定 ③顾客偷窃的表现与防范 ④员工偷窃的表现与防范 2）偷窃事件的处理 ①顾客偷窃的处理 ②员工偷盗的处理	（1）方法：讲授法、讨论法、案例教学法、情景模拟法、辅助视频法 （2）重点与难点：偷窃事件的处理	2

续表

模块	课程	学习单元	课程内容	培训建议	课堂学时
3．营运管理	3-3 安全与危机管理	（6）上报和应对突发危机事件	1）门店突发危机事件的范围 ①自然灾害 ②事故灾难 ③突发公共卫生事件 ④社会安全事件 2）应对突发危机事件的流程 ①突发危机事件的处理方法 ②突发危机事件的处理流程	（1）方法：讲授法、讨论法、案例教学法、情景模拟法、辅助视频法 （2）重点与难点：应对突发危机事件的流程	3
4．信息与数字化管理	4-1 信息系统数据采集与处理	（1）信息数据采集与存储	1）信息数据的采集 ①信息数据采集的法律法规 ②信息数据与信息系统 ③连锁企业的信息需求 ④连锁企业信息基本流通过程 ⑤连锁企业信息系统的作用 2）数据存储的方法 ①企业传统数据存储方案 ②数据存储方案的选择 ③分布式云端存储方案 ④云端存储方案的注意事项	（1）方法：讲授法、讨论法、案例教学法 （2）重点与难点：数据存储的方法	1
		（2）收银系统操作管理	1）连锁门店收银机的类型 ①传统收银机 ②自助收银机 2）POS收银系统 ①POS收银系统的概念 ②POS收银系统的优点 ③POS收银系统的应用趋势 ④POS收银系统的基本操作 ⑤POS收银系统的功能	（1）方法：讲授法、讨论法、案例教学法、辅助视频法 （2）重点与难点：POS收银系统操作与应用	2
		（3）顾客信息管理系统操作	1）顾客信息管理系统的概念 2）顾客信息管理系统的作用 ①维护老顾客，寻找新顾客 ②避免顾客资源过于分散引起的顾客流失 ③提高顾客忠诚度和满意度 ④降低营销成本 ⑤掌握销售人员工作状态	（1）方法：讲授法、讨论法、案例教学法、情景模拟法	2

续表

模块	课程	学习单元	课程内容	培训建议	课堂学时
4. 信息与数字化管理	4-1 信息系统数据采集与处理	（3）顾客信息管理系统操作	3）顾客信息管理系统的信息录入 ①顾客信息管理系统应收集的基本资料 ②顾客信息管理系统录入的注意事项 ③顾客信息管理系统的录入流程 ④顾客信息的保密措施	（2）重点与难点：顾客信息管理系统的录入流程	
		（4）进货、订货与盘点管理系统操作	1）产品进货管理系统 ①产品进货管理系统涉及的内容 ②产品进货涉及的单据类型及系统信息结构	（1）方法：讲授法、讨论法、案例教学法 （2）重点与难点：订货系统和盘点系统的操作与管理	1
			2）订货系统操作与管理 ①订货及订货系统概述 ②订货系统数据录入的流程		
			3）盘点数据录入的操作流程 ①盘点的过程 ②盘点系统的操作流程		
	4-2 数字化运营	（1）应用程序、公众号、小程序等软件的操作	1）应用程序、公众号、小程序等软件的特点 ①应用程序的特点 ②公众号的特点 ③小程序的特点 ④微博的特点	（1）方法：讲授法、讨论法、案例教学法、实训（练习）法 （2）重点与难点：App、公众号、小程序等软件的操作方法	1
			2）App、公众号、小程序等软件的操作方法 ①App的操作方法 ②公众号的操作方法 ③小程序的操作方法 ④微博的操作方法		
		（2）排队等位、定位等新媒体交互应用软件的操作	1）排队等位、定位等新媒体交互应用软件的特点 ①排位叫号 ②定位导航 ③智慧收银	（1）方法：讲授法、讨论法、案例教学法、情景模拟法	1

续表

模块	课程	学习单元	课程内容	培训建议	课堂学时
4．信息与数字化管理	4-2 数字化运营	（2）排队等位、定位等新媒体交互应用软件的操作	2）排队等位、定位等新媒体交互应用软件的操作方法 ①排位叫号系统 ②定位导航系统 ③智慧收银系统	（2）重点与难点：排队等位、定位等新媒体交互应用软件的操作方法	
5．人员管理	5-1 招聘与培训管理	（1）门店人员招聘需求	1）门店招聘的需求分析 ①工作定额和岗位定员 ②门店招聘的原因	（1）方法：讲授法、讨论法、案例教学法 （2）重点与难点：制订门店人员配置方案	3
			2）门店岗位的工作分析 ①工作描述 ②人员规范 ③任职资格		
			3）确定门店人员配置的方法 ①整理门店数据 ②预测人员配置需求 ③生成人员配置的备选方案 ④执行压力测试 ⑤确定最终人员配置方案		
		（2）引导新员工入职	1）引导新员工入职的内容 ①新员工入职仪式 ②防止新员工流失	（1）方法：讲授法、讨论法、案例教学法 （2）重点与难点：新员工入职引导人	2
			2）新员工入职引导人 ①新员工入职引导人的工作职责 ②安排入职引导人 ③新员工入职引导跟踪考评样表		
		（3）指导员工工作	1）TWI 的概念与特点 ①TWI 的概念与体系 ②TWI 的特点	（1）方法：讲授法、讨论法、案例教学法 （2）重点与难点：工作指导的准备工作	2
			2）TWI 要求的主管必备技能 ①主管的概念 ②主管必备的要求		
			3）工作指导的准备工作 ①制作训练预定计划表 ②对工作进行分解 ③准备好所需物品 ④整顿工作场所		

续表

模块	课程	学习单元	课程内容	培训建议	课堂学时
5. 人员管理	5-2 团队与绩效管理	（1）员工排班实施	1）员工排班的设计方法 ①合理排班的目的 ②合理排班的设计原则	（1）方法：讲授法、讨论法、案例教学法 （2）重点与难点：员工排班的表格制作	1
			2）员工排班的表格制作 ①门店员工排班样表 ②收银员工排班样表		
		（2）员工绩效评估	1）绩效评估指标的类型 ①根据绩效的内容划分 ②根据绩效的重要程度划分 ③根据指标的可量化程度划分 ④根据评估主体的属性划分	（1）方法：讲授法、讨论法、案例教学法 （2）重点与难点：员工绩效评估的程序	2
			2）员工绩效评估的常用方法 ①结果导向型的绩效评估方法 ②行为导向型的绩效评估方法		
			3）员工绩效评估的原则与程序 ①员工绩效评估的原则 ②员工绩效评估的程序		
6. 财务管理	6-1 资产管理	（1）按要求管理固定资产	1）固定资产的特征和分类 ①固定资产的特征 ②固定资产的分类	（1）方法：讲授法、讨论法、案例教学法、实训（练习）法 （2）重点与难点：固定资产的日常管理	1
			2）固定资产的日常管理 ①新增固定资产，要企业验收 ②转出固定资产，要办理手续 ③报废固定资产，要进行鉴定 ④清查固定资产，要查点实物		
		（2）按要求管理低值易耗品	1）低值易耗品的概念和种类 ①低值易耗品的概念 ②低值易耗品的种类	（1）方法：讲授法、讨论法、案例教学法、实训（练习）法	1

续表

模块	课程	学习单元	课程内容	培训建议	课堂学时
6. 财务管理	6-1 资产管理	（2）按要求管理低值易耗品	2）低值易耗品的日常管理 ①低值易耗品的领用与入库 ②低值易耗品的管理人职责 ③低值易耗品的报废、报损、报失 ④低值易耗品的退还及调拨 ⑤低值易耗品的盘点	（2）重点与难点：低值易耗品的日常管理	
	6-2 资金管理	（1）实施收银流程	1）收银作业的流程 ①营业前的准备作业 ②营业中的作业 ③营业结束后的作业 2）收银作业规范和收银员的岗位职责 ①收银作业规范 ②收银员的岗位职责	（1）方法：讲授法、讨论法、实训（练习）法 （2）重点与难点：收银作业的流程	1
		（2）办理备用金支取	1）备用金支取的流程 2）备用金支取的管理制度 ①备用金的核定 ②备用金的使用 ③备用金的借支管理 ④备用金的保管管理	（1）方法：讲授法、讨论法、实训（练习）法 （2）重点与难点：备用金支取的管理制度	1
		（3）实施现金盘点及缴存	1）现金盘点制度 ①盘点时间及盘点内容 ②盘点步骤 ③盘点人员 ④盘点要求 2）现金缴存的流程	（1）方法：讲授法、讨论法、实训（练习）法 （2）重点与难点：现金缴存的流程	2
	6-3 报表识读	（1）识读门店销售日报表	1）门店销售日报表的内容和作用 ①门店销售日报表的内容 ②门店销售日报表的作用 2）门店销售日报表的识读 ①销售指标分析 ②商品指标分析 ③经营情况分析	（1）方法：讲授法、讨论法、实训（练习）法、案例教学法 （2）重点与难点：门店销售日报表的识读	2

续表

模块	课程	学习单元	课程内容	培训建议	课堂学时
6. 财务管理	6-3 报表识读	（2）识读门店毛利日报表	1）门店毛利日报表的内容和作用 ①门店毛利日报表的内容 ②门店毛利日报表的作用	（1）方法：讲授法、讨论法、实训（练习）法、案例教学法 （2）重点与难点：门店毛利日报表的识读	2
			2）门店毛利日报表的识读 ①销售指标分析 ②利润指标分析		
课堂学时合计					90

2.2.3　三级/高级职业技能培训课程规范

模块	课程	学习单元	课程内容	培训建议	课堂学时
1. 产品管理	1-1 产品计划执行与评估	（1）产品陈列	1）产品陈列的原则 ①显而易见原则 ②便于挑选原则 ③便于取放原则 ④丰满陈列原则 ⑤前进陈列原则 ⑥关联陈列原则	（1）方法：讲授法、演示法、辅助视频法 （2）重点与难点：产品陈列的方法	1
			2）产品陈列的工具 ①货架 ②柜台 ③特价台 ④专业化陈列工具 ⑤陈列设备		
			3）产品陈列的方法 ①基本陈列法 ②不规则陈列法		
		（2）产品市场与竞争店评估	1）产品市场评估 ①产品市场评估的内容 ②产品市场评估的标准	（1）方法：讲授法、讨论法 （2）重点：产品市场评估 （3）难点：竞争店评估	2
			2）竞争店评估 ①竞争店评估的内容 ②竞争店评估的方法		

续表

模块	课程	学习单元	课程内容	培训建议	课堂学时
1. 产品管理	1-1 产品计划执行与评估	(3) 供应商评估	1) 供应商评估内容 ①管理能力 ②技术能力 ③品质能力 ④生产能力 ⑤财务能力 ⑥风险控制能力	(1) 方法：讲授法、讨论法 (2) 重点：供应商评估内容 (3) 难点：供应商评估标准	2
			2) 供应商评估标准 ①短期标准 ②长期标准		
	1-2 产品经营分析	(1) 产品销售分析	1) 产品销售分析的主要指标 ①销售金额 ②销售毛利 ③动销率 ④平均折扣率 ⑤客单价 ⑥售罄率 ⑦库销比 ⑧存货周转率 ⑨退货率	(1) 方法：讲授法、讨论法 (2) 重点：产品销售分析的方法 (3) 难点：采销匹配度	3
			2) 产品销售分析的方法 ①ABC 分类法 ②结构分析法 ③贡献度分析法		
			3) 采销匹配度		
		(2) 产品价格带分析	1) 产品价格带选择的原则 ①合适的价格 ②合适的产品价格带	(1) 方法：讲授法、讨论法 (2) 重点：确定品类价格点的流程	2
			2) 产品价格带分析的依据 ①竞争对手的单品详细资料 ②连锁企业自己的产品组织结构表 ③分析报表		

续表

模块	课程	学习单元	课程内容	培训建议	课堂学时
1. 产品管理	1-2 产品经营分析	（2）产品价格带分析	3）确定品类价格点的流程 ①选择分析对象 ②罗列价位线 ③确定价格分布 ④判断价格区 ⑤确定价格点	（3）难点：反校品类的价格点	
			4）反校品类的价格点		
		（3）产品关联度分析	1）产品关联度分析的关键指标 ①支持度 ②置信度 ③提升度	（1）方法：讲授法、讨论法 （2）重点：产品关联关系的类别 （3）难点：购物篮分析	2
			2）产品关联关系的类别 ①强关联关系 ②弱关联关系 ③排斥关系		
			3）购物篮分析 ①购物篮系数 ②购物篮系数分析		
	1-3 采购管理	（1）制订采购计划	1）采购计划编制的要求和影响因素 ①采购计划编制的要求 ②采购计划编制的影响因素	（1）方法：讲授法、讨论法 （2）重点：采购计划编制的要求和影响因素 （3）难点：采购合同的执行	2
			2）采购合同的执行 ①采购合同执行的原则 ②采购合同执行的流程		
		（2）特殊产品与临时订单产品订货	1）特殊产品订货 ①特殊产品的类型 ②特殊产品订货应考虑的因素 ③特殊产品订货的流程	（1）方法：讲授法、讨论法	1

续表

模块	课程	学习单元	课程内容	培训建议	课堂学时
1. 产品管理	1-3 采购管理	（2）特殊产品与临时订单产品订货	2）临时订单产品订货流程 ①填写临时订单申请表 ②部门审核 ③发送订单 ④催货收货	（2）重点与难点：临时订单产品订货流程	
		（3）自动补货作业	1）自动补货参数设置 ①平均销售量 ②订货日期 ③安全库存 ④订货周期 ⑤交货期 ⑥库存上限与下限 ⑦补货点	（1）方法：讲授法、讨论法 （2）重点：自动补货参数设置 （3）难点：自动补货量计算	1
			2）自动补货量计算		
	1-4 库存管理	（1）库存数据分析	1）库存数据的内容 ①存货数量与金额分析 ②安全库存分析 ③库存有效性分析 ④库存占压分析 ⑤库存结构分析	（1）方法：讲授法、讨论法 （2）重点：库存数据的内容 （3）难点：库存数据分析方法	2
			2）库存数据分析方法 ①分析库存数量 ②分析安全库存 ③分析库存结构		
		（2）编制门店盘点报表	1）门店盘点报告的内容 ①门店盘点工作安排 ②门店盘点作业过程 ③门店盘点结果及处理	（1）方法：讲授法、讨论法 （2）重点与难点：门店盘点报告的编制要求	3
			2）门店盘点报告的编制要求 ①真实性 ②准确性 ③完整性 ④权责分明		
2. 营销管理	2-1 消费者需求分析	（1）消费者需求与购买行为调查	1）消费者需求与购买行为调查的内容 ①市场环境调查 ②市场产品需求调查 ③市场产品资源调查	（1）方法：讲授法、讨论法	2

续表

模块	课程	学习单元	课程内容	培训建议	课堂学时
2. 营销管理	2-1 消费者需求分析	（1）消费者需求与购买行为调查	2）消费者需求与购买行为调查的原则和步骤 ①调查的原则 ②调查的步骤	（2）重点与难点：消费者需求与购买行为调查的原则和步骤	
		（2）分析消费者需求与购买行为	1）消费者购买行为分析方法 2）影响消费者需求与购买行为的因素 ①文化因素 ②社会因素 ③个人因素 ④心理因素	（1）方法：讲授法 （2）重点与难点：影响消费者需求与购买行为的因素	1
	2-2 促销管理	（1）编制促销计划与预算	1）促销计划的编制 ①确定目标市场 ②确定促销目标 ③确定促销信息 ④选择促销方式 ⑤确定促销预算 ⑥确定促销总体计划 ⑦评估促销绩效 2）促销预算的编制 ①促销预算的编制方法 ②促销预算的编制步骤	（1）方法：讲授法、讨论法 （2）重点与难点：促销计划的编制	3
		（2）制定促销价格与广告促销策略	1）促销产品价格调整 ①促销定价的方式 ②具体调价的流程 2）广告促销策略的适用范围 ①馈赠型广告促销策略 ②直接型广告促销策略 ③示范型广告促销策略 ④集中型广告促销策略	（1）方法：讲授法 （2）重点与难点：广告促销策略的适用范围	3
3. 营运管理	3-1 规范与质量管理	（1）督查与评估门店营运规范、标准和流程的执行情况	1）门店营运规范、标准和流程的内容 ①门店营运规范 ②门店营运标准 ③门店营运流程	（1）方法：讲授法、演示法、讨论法	3

续表

模块	课程	学习单元	课程内容	培训建议	课堂学时
3. 营运管理	3-1 规范与质量管理	(1) 督查与评估门店营运规范、标准和流程的执行情况	2) 督查和评估门店营运规范、标准和流程的执行 3) 督查和评估门店营运规范、标准和流程的方法 ①通过观察、倾听等方式收集信息 ②整理资料 ③分析门店经营现状 ④找出门店经营中存在的问题 ⑤依据问题提出改进建议，并对改进措施进行评估 ⑥依据改进建议，提出解决问题的实际方案，并予执行 ⑦对方案执行情况进行检查与评估 ⑧提交工作报告 4) 日常巡店作业流程 5) 店面陈列指导 ①技巧指导 ②思维指导 ③艺术指导 6) 实施5S活动 ①5S活动的概念 ②店面乱象 ③实施5S活动的要点	(2) 重点：门店营运规范、标准和流程的内容 (3) 难点：督查和评估门店营运规范、标准和流程的执行	
		(2) 督查与评估门店产品和服务质量标准的执行情况	1) 产品采购质量管理 ①产品采购质量管理概述 ②产品采购质量管理的内容、依据 ③产品采购质量的保证措施 ④产品采购规格说明 ⑤互利共赢的供应商质量管理	(1) 方法：讲授法、讨论法	2

模块	课程	学习单元	课程内容	培训建议	课堂学时
3.营运管理	3-1 规范与质量管理	（2）督查与评估门店产品和服务质量标准的执行情况	2）产品销售和使用过程的质量管理 ①产品销售的质量职能管理 ②产品销售前的质量管理 ③产品的推销与市场调查	（2）重点与难点：产品销售和使用过程的质量管理	
			3）顾客服务的质量管理 ①提供产品说明书 ②提供专用工具 ③做好市场保障工作 ④索赔处理		
		（3）督查与评估门店环境和连锁企业形象标准的执行情况	1）督查与评估门店环境的方法	（1）方法：讲授法 （2）重点与难点：督查与评估连锁企业形象标准的方法	1
			2）督查与评估连锁企业形象标准的方法		
	3-2 客服管理	（1）识别顾客服务需求	1）不同阶段的顾客服务需求 ①计划购买阶段的顾客服务需求 ②信息搜索阶段的顾客服务需求 ③评价阶段的顾客服务需求 ④选定和购买阶段的顾客服务需求 ⑤购买后评价阶段的顾客服务需求	（1）方法：讲授法 （2）重点与难点：顾客服务需求的识别方法	1
			2）顾客服务需求的识别方法 ①缩小认知差距——获得正确的顾客期望信息 ②缩小标准差距——寻找并控制关键的服务点 ③缩小传递差距——提高服务质量 ④缩小沟通差距——有效沟通顾客		

续表

模块	课程	学习单元	课程内容	培训建议	课堂学时
3. 营运管理	3-2 客服管理	(2) 处理复杂的顾客投诉	1) 复杂的顾客投诉类型 ①现场投诉 ②电话投诉 ③电子邮件投诉 ④书面投诉 ⑤向消费者协会或市场监管部门投诉	(1) 方法：讲授法 (2) 重点与难点：复杂的顾客投诉处理方法与流程	2
			2) 复杂的顾客投诉处理方法与流程 ①顾客投诉处理方法 ②顾客投诉处理流程		
	3-3 安全与危机管理	(1) 督查门店公共安全与内部安全	1) 门店公共安全与内部安全检查项目及要求 ①公共安全 ②内部安全	(1) 方法：讲授法、讨论法、辅助视频法 (2) 重点与难点：安全隐患的类别与处理方法	2
			2) 安全隐患的类别与处理方法 ①安全隐患的类别 ②安全隐患的处理方法		
		(2) 开展实施消防演练	1) 消防演练的流程和规范 ①消防演练的流程 ②消防演练的规范	(1) 方法：讲授法、演示法、辅助视频法 (2) 重点与难点：消防演练的流程和规范	3
			2) 消防演练的注意事项 ①建立消防组织 ②制定消防安全管理制度 ③消防知识培训 ④购置和补充消防器材 ⑤排查重点消防隐患 ⑥消防安全保卫		
		(3) 处理一般性冲突	1) 一般性冲突的内容 ①顾客之间冲突 ②员工与顾客之间冲突 ③抢窃事件 ④顾客丢失物品事件 ⑤抄价格事件	(1) 方法：讲授法、讨论法	2

续表

模块	课程	学习单元	课程内容	培训建议	课堂学时
3. 营运管理	3-3 安全与危机管理	（3）处理一般性冲突	2）一般性冲突的处理流程与方法 ①顾客之间冲突的处理 ②员工与顾客间冲突的处理 ③抢劫事件的处理 ④顾客丢失物品事件的处理 ⑤抄价格事件的处理	（2）重点与难点：一般性冲突的处理流程与方法	
4. 信息与数字化管理	4-1 信息系统数据采集与处理	（1）顾客数据分析	1）顾客数据分类 ①顾客属性数据 ②顾客行为数据 ③顾客活动数据	（1）方法：讲授法、辅助视频法 （2）重点：顾客数据分类 （3）难点：顾客数据的采集及应用	4
			2）顾客数据来源 ①第一方数据 ②第二方数据 ③第三方数据 ④开放数据		
			3）顾客数据的采集及应用 ①cookie 分析 ②Wi-Fi 探针技术		
		（2）运用信息系统进行门店销售预测与库存信息化管理	1）连锁企业门店信息管理 ①连锁企业门店信息管理系统 ②产品供应系统 ③终端销售系统	（1）方法：讲授法、辅助视频法 （2）重点：连锁企业门店管理信息系统的概念与功能	3
			2）连锁企业门店管理信息系统的概念与功能 ①连锁企业门店管理信息系统的概念 ②连锁企业门店管理信息系统的功能		
			3）连锁企业门店销售预测的方法 ①销售预测 ②销售预测的方法 ③常用销售预测分析方法		

课程包

续表

模块	课程	学习单元	课程内容	培训建议	课堂学时
4．信息与数字化管理	4-1 信息系统数据采集与处理	（2）运用信息系统进行门店销售预测与库存信息化管理	4）连锁企业配送中心库存的信息化管理 ①配送中心物流活动的流程 ②销售出库管理系统 ③采购入库管理系统 ④连锁企业物流系统	（3）难点：连锁企业门店销售预测的方法	5
		（3）销售数据的汇总与处理	1）销售数据汇总 ①认识数据库 ②数据导入	（1）方法：讲授法、实训（练习）法 （2）重点与难点：销售数据处理	
			2）销售数据处理 ①数据抽取 ②数据计算 ③数据分组 ④数据转换		
	4-2 数字化运营	（1）运用顾客营销系统进行精准营销	1）顾客标签与顾客画像描述 ①顾客标签 ②顾客画像 ③顾客数据分析及处理的注意事项	（1）方法：讲授法、辅助视频法 （2）重点：顾客画像描述 （3）难点：精准营销技术及应用	2
			2）精准营销技术及应用 ①精准营销概述 ②精准营销的技术要求 ③精准营销在门店的应用		
		（2）运用新媒体获取数据	1）电子互动屏、人脸识别等软件数据的获取方法 ①智能导购 ②人脸识别技术	（1）方法：讲授法、辅助视频法 （2）重点与难点：新媒体在营销活动中的数据分析	4
			2）新媒体在营销活动中的数据分析 ①新媒体营销数据组合 ②自媒体数据分析工具 ③常见的新媒体数据分析误区 ④新媒体数据分析基本步骤		

续表

模块	课程	学习单元	课程内容	培训建议	课堂学时
4. 信息与数字化管理	4-3 办公自动化管理	（1）运用办公软件制作电子文档	1）电子文档制作方法 2）数据分析报告制作 ①数据分析报告的含义和制作原则 ②数据分析报告的作用 ③数据分析报告常用制作软件 ④数据分析报告的基本结构 ⑤数据分析报告的制作要求 ⑥数据分析报告制作注意事项	（1）方法：讲授法、演示法、实训（练习）法 （2）重点与难点：数据分析报告的基本结构与制作要求	2
		（2）运用办公软件进行信息数据加工与处理	1）办公软件分析数据的基本要求 2）办公软件数据加工与处理方法 ①提出问题 ②理解数据 ③数据清洗 3）办公软件的数据可视化与分析报告 ①描述统计分析 ②数据透视表	（1）方法：讲授法、演示法、实训（练习）法 （2）重点：办公软件数据加工与处理方法 （3）难点：办公软件的数据可视化与分析报告	2
		（3）移动终端办公软件操作	1）移动终端办公软件的特点和操作方法 ①移动终端办公软件的特点 ②移动终端办公软件的操作方法 2）电子邮件的写作技巧和礼仪 ①及时回复电子邮件 ②针对性回复 ③认真对待回复 ④不要就同一问题反复回复 ⑤较复杂问题回复 ⑥区分回复发件人和回复所有人 ⑦主动控制电子邮件往来 ⑧避免将细节性讨论意见发给高层主管	（1）方法：讲授法、演示法、实训（练习）法	2

续表

模块	课程	学习单元	课程内容	培训建议	课堂学时
4．信息与数字化管理	4-3 办公自动化管理	（3）移动终端办公软件操作	3）电子邮件的主要功能与原则 ①电子邮件的主要功能 ②电子邮件的拟订、发送原则	（2）重点与难点：移动终端办公软件的操作方法	
5．人员管理	5-1 招聘与培训管理	（1）门店人员面试	1）面试的准备工作 ①面试的基本程序 ②面试的组织形式 ③结构化面试和非结构化面试	（1）方法：讲授法、演示法、情景模拟法 （2）重点：面试的组织形式 （3）难点：面试提问的类型	1
			2）面试提问的类型 ①开放式提问 ②封闭式提问 ③清单式提问 ④假设式提问 ⑤重复式提问 ⑥确认式提问 ⑦举例式提问		
		（2）实施门店人员培训	1）培训实施的方法 ①知识类培训的方法 ②实践性培训的方法 ③参与式培训的方法 ④行为调整和心理培训的方法 ⑤信息化培训的方法	（1）方法：讲授法、演示法、情景模拟法 （2）重点与难点：培训的实施与管理	2
			2）培训的实施与管理 ①前期准备工作 ②培训实施阶段 ③知识或技能的传授 ④对培训进行总结 ⑤培训后的工作		
			3）培训实施的控制 ①掌握最新情况 ②分析比较培训项目 ③处理问题 ④公布修改方案		

续表

模块	课程	学习单元	课程内容	培训建议	课堂学时
5. 人员管理	5-1 招聘与培训管理	(3) 管理工作指导	1) 管理者工作中的问题 ①人的问题 ②工作流程的问题 ③人与工作流程的问题 ④管理者的问题 ⑤组织的问题	(1) 方法：讲授法、演示法 (2) 重点：问题的分类 (3) 难点：适度授权	1
			2) 问题的分类 ①根据问题的性质分类 ②根据问题的目的和发生时间分类 ③区分管理问题的步骤		
			3) 适度授权 ①授权的含义 ②授权的障碍 ③授权的级别		
	5-2 团队与绩效管理	(1) 制订员工绩效改进方案	1) 员工绩效差距分析方法 ①目标比较法 ②历史比较法 ③历年同期比较法 ④横向比较法 ⑤行业比较法	(1) 方法：讲授法 (2) 重点与难点：员工绩效改进诊断分析	1
			2) 员工绩效改进诊断分析 ①环境因素分析 ②激励因素分析 ③知识技能因素分析 ④员工因素分析 ⑤管理者因素分析		
		(2) 员工绩效面谈的实施	1) 员工绩效面谈的内容 ①谈工作业绩 ②谈行为表现 ③谈改进措施 ④谈新的目标	(1) 方法：讲授法、情景模拟法 (2) 重点与难点：员工绩效面谈的方式	1
			2) 员工绩效面谈的方式 ①单向劝导式面谈 ②双向倾听式面谈 ③解决问题式面谈 ④综合式面谈		
		(3) 实施团队协作	1) 实施团队协作的基础 ①包容团队成员 ②获得支持 ③保持谦虚 ④资源共享	(1) 方法：讲授法、演示法、情景模拟法	1

续表

模块	课程	学习单元	课程内容	培训建议	课堂学时
5. 人员管理	5-2 团队与绩效管理	（3）实施团队协作	2）团队信任的标志 ①坦诚地交流 ②尊重 ③授予管理权 ④承担风险	（2）重点与难点：提高团队协作的方法	
			3）提高团队协作的方法 ①建立沟通平台 ②强调计划和记录 ③及时总结反馈 ④培养团队成员能力		
		（4）组织团队建设活动	1）团队概述 ①团队的基本要素 ②团队工作的优势 ③优秀团队的特征	（1）方法：讲授法、演示法、情景模拟法 （2）重点与难点：团队不同阶段及发展方法	1
			2）团队不同阶段及发展方法 ①团队发展的阶段 ②团队发展的方法		
6. 财务管理	6-1 资产管理	（1）统计产品损耗并分析原因	1）产品损耗统计 ①产品损耗率 ②产品损耗管理的重要性	（1）方法：讲授法、讨论法 （2）重点与难点：产品损耗原因分析	1
			2）产品损耗原因分析 ①作业错误的损耗 ②偷窃的损耗 ③意外事件的损耗 ④产品处理不当的损耗 ⑤其他损耗		
		（2）分析存货盘盈或盘亏原因	1）存货盘点盈亏原因分析 ①存货盘点的类型 ②存货盘点盈亏的原因	（1）方法：讲授法、讨论法 （2）重点与难点：存货盘点盈亏处理方法	1
			2）存货盘点盈亏处理方法 ①盘盈的处理方法 ②盘亏的处理方法		
	6-2 资金管理	（1）实施资金结算	1）门店资金结算方式 ①资金结算 ②门店资金结算的主要方式	（1）方法：讲授法、讨论法、情景模拟法	2

续表

模块	课程	学习单元	课程内容	培训建议	课堂学时
6. 财务管理	6-2 资金管理	（1）实施资金结算	2）门店资金结算流程 ①供应商费用录入、审核、收回流程 ②经销结算流程 ③联营、代销结算流程 ④大单现金结算流程 ⑤预付款结算流程	（2）重点与难点：门店资金结算流程	
			3）资金结算注意事项		
		（2）建立应收账款台账并催收	1）应收账款台账编制原则 ①应收账款 ②编制原则	（1）方法：讲授法、讨论法 （2）重点与难点：应收账款催收流程	1
			2）应收账款催收流程 ①催收方法 ②催收流程		
	6-3 报表分析	（1）分析门店销售日报表和门店库存日报表	1）门店销售日报表分析方法 ①销售指标分析 ②产品指标分析 ③指标综合分析	（1）方法：讲授法 （2）重点与难点：门店销售日报表分析方法和门店库存日报表分析方法	1
			2）门店库存日报表分析方法 ①产品类别或品类结构分析 ②库存和销售结构对比分析		
		（2）分析门店毛利日报表和门店利润日报表	1）门店毛利日报表分析方法 ①整体分析 ②按产品种类分析 ③判断毛利率变化的主要原因 ④经营产品的比较分析	（1）方法：讲授法 （2）重点与难点：门店毛利日报表分析方法和门店利润日报表分析方法	1
			2）门店利润日报表分析方法 ①门店利润日报表 ②分析方法		
课堂学时合计					85

2.2.4 二级/技师职业技能培训课程规范

模块	课程	学习单元	课程内容	培训建议	课堂学时
1. 产品管理	1-1 产品结构分析	（1）品类管理实施	1）品类管理实施的内容 ①制订品类管理实施计划 ②调整组织结构 ③选择供应商 ④培训品类管理人员 ⑤品类管理试点 ⑥正式实施 2）品类管理实施的障碍 ①企业目标与供应商目标不一致 ②门店单店利益与企业整体利益不一致 ③营运部门与采购部门管理目标不一致 ④信息系统与品类管理目标不匹配	（1）方法：讲授法、讨论法、演示法 （2）重点与难点：品类管理实施的障碍	1
		（2）产品结构优化	1）产品结构分析的内容 2）产品结构分析的方法 ①80/20 分析法 ②ABC 分类法 3）产品结构优化 ①产品结构策略 ②产品结构层级设计	（1）方法：讲授法、讨论法、辅助视频法 （2）重点：产品结构分析的方法 （3）难点：产品结构优化	1
		（3）货架空间优化	1）货架空间管理的内容 ①产品陈列位置 ②产品陈列面数量 ③产品库存数量 ④产品空间效益 ⑤陈列面优化 2）货架空间优化的要素 ①产品清单 ②陈列原则 ③业绩分析	（1）方法：讲授法、实训（练习）法、演示法 （2）重点与难点：货架空间优化流程	1

续表

模块	课程	学习单元	课程内容	培训建议	课堂学时
1. 产品管理	1-2 品牌招商管理	（1）品牌招商活动策划	1）品牌招商活动策划的内容 ①项目背景 ②项目定位 ③招商策略 ④招商计划	（1）方法：讨论法、演示法 （2）重点与难点：招商活动策划的流程和方法	2
			2）招商活动策划的方法 ①举办招商会 ②与大型企业建立稳定沟通渠道 ③建立驻外招商机构		
			3）招商活动策划流程 ①确立招商活动策划目标 ②搜集招商活动相关资料 ③制订招商活动策划方案 ④选择招商活动策划方案 ⑤招商活动策划方案实施 ⑥跟踪反馈		
		（2）品牌招商洽谈	1）品牌招商洽谈的原则 ①一对多原则 ②意向书优先原则 ③踏勘优先原则 ④持续沟通原则	（1）方法：讲授法、演示法、情景模拟法 （2）重点与难点：品牌招商洽谈的技巧	1
			2）品牌招商洽谈的技巧		
	1-3 采购管理	（1）采购渠道与采购方式选择	1）选择采购渠道 ①采购渠道的类型 ②采购渠道选择策略	（1）方法：讲授法、案例教学法 （2）重点与难点：选择采购方式	1
			2）选择采购方式 ①集中采购和分散采购 ②直接采购和间接采购 ③招标采购和非招标采购 ④现货采购和远期合同采购		
		（2）采购流程优化	1）采购流程的影响因素 ①供应商的选择 ②合同约定条款 ③每次订货数量 ④采购作业流程	（1）方法：讲授法、讨论法、辅助视频法	2

续表

模块	课程	学习单元	课程内容	培训建议	课堂学时
1. 产品管理	1-3 采购管理	(2) 采购流程优化	2) 采购流程常见的问题 ①缺乏有效的信息共享 ②忽视对供应商的评估与考核 ③缺乏合理的采购计划 ④缺乏清晰的分工职责 3) 采购流程优化方法 ①建立及时通知系统 ②使用电子采购系统 ③改进企业采购流程 ④建立适应企业战略的采购组织 ⑤实施准时化采购 ⑥开展协同采购	(2) 重点：采购流程常见的问题 (3) 难点：采购流程优化方法	
		(3) 供应商流程优化	1) 供应商分级标准 ①供应商分级评价体系 ②供应商分级划分标准 ③供应商评价方法 2) 供应商分级管理	(1) 方法：讲授法、讨论法 (2) 重点与难点：供应商分级标准	1
	1-4 库存管理	(1) 制订库存计划	1) 库存计划的影响因素 ①销售预测 ②库存策略 ③积压库存 ④交货周期 2) 库存计划的内容 ①订货时间 ②订货数量 ③存量基准 3) 库存计划的编制方法 ①定量控制法 ②定期控制法 ③警戒点控制法 ④ABC控制法 4) 安全库存测算	(1) 方法：实训（练习）法 (2) 重点：库存计划的内容 (3) 难点：库存计划的编制方法	2

续表

模块	课程	学习单元	课程内容	培训建议	课堂学时
1. 产品管理	1-4 库存管理	(2) 调整库存结构	1) 库存结构的概念 2) 库存结构不合理的原因 ①产品结构不合理 ②库存计划不合理 ③产品滞销或积压 ④产品生命周期把握不准 ⑤产品定位把握不准 3) 库存结构调整方法 ①调整产品结构 ②改进库存计划 ③调整陈列或促销 ④根据产品生命周期调整库存 ⑤做好产品定位	(1) 方法：讲授法 (2) 重点与难点：库存结构调整方法	2
2. 营销管理	2-1 市场定位	(1) 制订消费者需求调查方案	1) 消费者需求调查方案内容 ①调查目的 ②调查对象 ③调查内容 ④调查表 ⑤调查地区范围 ⑥样本的抽取 ⑦资料的搜集和整理方法 2) 消费者需求调查方案编制方法 ①确定调查的目的和任务 ②确定调查对象和调查单位 ③确定调查项目 ④设计调查表或问卷 ⑤确定调查时间和调查期限 ⑥确定调查方式和方法 ⑦确定资料整理的方案 ⑧确定分析研究的方案 ⑨确定市场调查的进度安排 ⑩市场调查经费预算 ⑪制订调查的组织计划 ⑫编写市场调查计划书	(1) 方法：讲授法、讨论法、实训（练习）法 (2) 重点与难点：消费者需求调查方案编制方法	1

续表

模块	课程	学习单元	课程内容	培训建议	课堂学时
2. 营销管理	2-1 市场定位	(2) 消费市场细分与定位	1）消费市场细分方法 ①市场细分的原则 ②市场细分的程序 ③市场细分的方法 2）消费市场定位方法 ①市场定位的步骤 ②市场定位的方法 ③市场定位的途径	(1) 方法：讲授法、讨论法、实训（练习）法 (2) 重点与难点：消费市场定位方法	1
	2-2 宣传策划	(1) 制定广告策划书	1）广告策划书内容 ①前言 ②市场分析 ③广告战略或广告重点 ④广告对象和广告诉求 ⑤广告地区和诉求地区 ⑥广告策略、战术 ⑦广告预算及分配 ⑧广告效果预测 2）广告策划书编制步骤 ①分析研究 ②拟定广告策划书纲要 ③拟定具体执行计划	(1) 方法：讲授法、讨论法、实训（练习）法、案例教学法 (2) 重点与难点：广告策划书编制步骤	1
		(2) 策划公关宣传活动	1）公关宣传活动的目的和内容 ①公关宣传活动的目的 ②公关宣传活动的内容 2）公关宣传活动的策划方法 ①分析企业形象现状及原因 ②确定企业的目标要求 ③设计企业主题 ④分析企业公众 ⑤选择企业活动方式	(1) 方法：讲授法、讨论法、辅助视频法 (2) 重点与难点：公关宣传活动的策划方法	1
	2-3 营销策划	(1) 制订营销策划方案，评估营销策划效果	1）营销策划方案制订方法 ①营销策划活动要有目的性 ②做好市场调研 ③营销策划要有创意 ④编写详细的营销策划方案 ⑤营销策划方案做试运行 ⑥完善营销策划方案 ⑦全面实施和推广营销策划方案 ⑧评估总结营销策划方案	(1) 方法：讲授法、讨论法、辅助视频法	2

续表

模块	课程	学习单元	课程内容	培训建议	课堂学时
2. 营销管理	2-3 营销策划	（1）制订营销策划方案，评估营销策划效果	2）制订营销策划方案的内容 ①发现、分析及评价市场机会 ②细分市场和选择目标市场 ③市场定位 ④市场营销组合 ⑤市场营销预算	（2）重点与难点：制订营销策划方案的内容	
			3）营销策划效果评价 ①营销策划效果评价标准 ②营销策划效果评价方法 ③营销策划效果评价指标		
		（2）运用视觉营销实现营销效果	1）视觉营销 ①视觉营销的定义 ②视觉营销的内容	（1）方法：讲授法、讨论法、辅助视频法 （2）重点与难点：视觉营销策略	2
			2）视觉营销策略 ①吸引眼球 ②激发兴趣 ③刺激想象 ④引导消费		
3. 运营管理	3-1 规范与质量管理	（1）制定门店营运规范、标准与流程	1）门店营运规范、标准与流程的制定流程 ①确定作业的对象分工 ②确立标准化作业的程序 ③记录作业情况 ④制定作业标准	（1）方法：讲授法、讨论法、演示法 （2）重点：门店营运规范、标准与流程的制定流程 （3）难点：门店营运规范、标准与流程的制定方法	1
			2）门店营运规范、标准与流程的制定方法 ①编写营运手册 ②建立完整的培训系统 ③建立标准执行过程中的监督机制		
		（2）制定门店产品与服务质量标准	1）门店产品质量标准的内容	（1）方法：讲授法、讨论法、辅助视频法 （2）重点与难点：门店产品与服务质量标准的内容	1
			2）门店服务质量标准的内容		

续表

模块	课程	学习单元	课程内容	培训建议	课堂学时
3．运营管理	3-1 规范与质量管理	（3）制定企业形象	1）企业形象的内容 ①产品形象 ②媒介形象 ③组织形象 ④标志形象 ⑤人员形象 ⑥环境形象 ⑦社区形象	（1）方法：讲授法、演示法、辅助视频法 （2）重点与难点：企业形象的制定方法	1
			2）企业形象的制定方法 ①企业内部形象的塑造 ②企业外部形象的规划		
		（4）分析影响门店规范、标准执行的因素	1）影响门店规范、标准执行的因素 ①标准的建立 ②标准的执行 ③标准的完善	（1）方法：讲授法、演示法、辅助视频法 （2）重点与难点：影响门店规范、标准执行的内容	2
			2）影响门店规范、标准执行的内容 ①组织结构图及职务说明书 ②员工手册 ③企业形象手册 ④营业手册 ⑤工作业绩考核手册 ⑥资源配置手册 ⑦质量技术标准手册 ⑧总部服务项目与实施办法一览表 ⑨非营业性操作手册		
	3-2 客服管理	（1）制定顾客服务策略	1）顾客服务策略的制定原则 ①提供专业的服务指导 ②提供优质的服务水平 ③提供体贴的服务态度 ④提供齐全的服务项目	（1）方法：讲授法、情景模拟法、辅助视频法 （2）重点与难点：顾客服务策略的制定方法	1
			2）顾客服务策略的制定方法 ①了解客户需求 ②提供客户关怀 ③管理客户关系		

续表

模块	课程	学习单元	课程内容	培训建议	课堂学时
3. 运营管理	3-2 客服管理	（2）制定服务优化策略	1）服务优化的内容 ①全面满足顾客的需求 ②提供便利的购物环境	（1）方法：讲授法、讨论法、案例教学法 （2）重点与难点：服务优化策略的内容和制定方法	2
			2）制定服务优化策略的方法 ①为顾客创造价值 ②合理进行顾客细分 ③不断进行产品创新 ④满足个性化需求 ⑤为顾客提供一流的服务		
	3-3 安全与危机管理	（1）制定企业安全管理标准	1）企业安全管理的内容 ①公共安全管理 ②内部安全管理	（1）方法：讲授法、案例教学法 （2）重点与难点：企业安全管理的标准	1
			2）企业安全管理的标准 ①明确安全管理人员和职责 ②加强安全培训 ③做好安全审核 ④安全器材、自动报警系统 ⑤卖场安全 ⑥库房安全 ⑦配电室安全 ⑧设施、设备安全		
		（2）制定消防演练和应急预案	1）常见消防演练项目流程	（1）方法：讲授法、实训（练习）法、情景模拟法 （2）重点与难点：安全应急预案内容	1
			2）安全应急预案内容 ①危险性分析 ②突发事件的预防 ③突发事件的处理 ④应急指挥机构 ⑤应急响应 ⑥应急结束		
		（3）识别突发性危机事件与公共关系危机	1）突发性危机事件 ①自然灾害 ②意外事件 ③治安事件	（1）方法：讲授法、案例教学法 （2）重点：突发性危机事件 （3）难点：公共关系危机	1
			2）公共关系危机 ①公共关系危机的类别 ②公共关系危机的特征		

续表

模块	课程	学习单元	课程内容	培训建议	课堂学时
4．信息与数字化管理	4-1 信息数据分析	（1）企业经营信息及数据应用	1）连锁企业经营信息的主要内容	（1）方法：讲授法、实训（练习）法 （2）重点：连锁企业经营信息的主要内容 （3）难点：企业数据应用的方向	1
			2）企业数据应用的方向 ①从数据应用视角出发 ②从业务视角出发		
		（2）库存管理系统操作及数据分析	1）订单中心系统操作的流程 ①订单中心系统的结构 ②订单中心系统的流程	（1）方法：讲授法、辅助视频法 （2）重点与难点：库存管理系统操作的流程	1
			2）库存管理系统操作的流程 ①区分库存 ②ABC分析法 ③分类订货		
		（3）企业销售管理系统操作及数据分析	1）企业销售管理系统的操作流程 ①编辑销售订单 ②手工编辑"销售开单" ③完成制单 ④单据审核 ⑤查看开单情况 ⑥完成结单	（1）方法：讲授法、辅助视频法 （2）重点与难点：企业销售管理系统的统计分析步骤	1
			2）企业销售管理系统的统计分析步骤 ①销售统计分析追踪的指标 ②指标的监控 ③分析指标的规律分布 ④指标的对比分析		
	4-2 信息系统管理	（1）明确门店信息管理系统需求	1）搜集门店信息管理系统需求的过程 ①问题识别阶段 ②分析与综合阶段	（1）方法：讲授法、辅助视频法 （2）重点与难点：汇总门店信息管理系统需求的方法	1
			2）汇总门店信息管理系统需求的方法 ①编制需求文档 ②需求评审		

续表

模块	课程	学习单元	课程内容	培训建议	课堂学时
4. 信息与数字化管理	4-2 信息系统管理	(2) 信息化逻辑结构与业务流程匹配度的判断	1) 业务流程信息化的前提条件 ①基础数据治理 ②产品严格选型 ③领导高度重视与业务部门配合 2) 企业信息化应用内容评估的流程 ①广度评估 ②深度评估 ③吻合度评估 ④客户满意度评估	(1) 方法：讲授法、辅助视频法 (2) 重点与难点：企业信息化应用内容评估的流程	1
	4-3 数字化运营	(1) 新零售背景下全渠道平台搭建	1) 新零售背景下的各类渠道及其特点 ①线下实体门店渠道 ②电子商务渠道 ③内容分享型渠道 ④短视频渠道 ⑤O2O平台渠道 ⑥社交媒体渠道 2) 第三方电子商务平台的评价与选择 ①第三方电子商务平台的评价 ②第三方电子商务平台的选择 3) 建设第三方电子商务平台 ①注册第三方电子商务平台 ②上传企业产品和服务信息 ③在平台中和平台外推广企业 ④安排专人管理平台 ⑤评估平台推广效果	(1) 方法：讲授法、案例教学法、辅助视频法 (2) 重点与难点：建设第三方电子商务平台	1
		(2) 客户关系管理系统操作及数据分析	1) 客户关系管理系统的操作流程 ①顾客资料管理 ②顾客跟踪管理 ③订单/合同管理 ④回款及交付管理	(1) 方法：讲授法、讨论法、实训（练习）法、演示法	1

续表

模块	课程	学习单元	课程内容	培训建议	课堂学时
4. 信息与数字化管理	4-3 数字化运营	(2) 客户关系管理系统操作及数据分析	2) 顾客画像数据技术应用 ①顾客画像模型构建 ②目标客户的预测（响应、分类） ③目标群体的活跃度定义 3) 基于个性化的精准服务营销 ①基于顾客数据的运作 ②加强积分管理 ③建立呼叫中心提供精准服务营销	(2) 重点：顾客画像数据技术应用 (3) 难点：基于个性化的精准服务营销	
		(3) 数字技术应用与优化	1) 数据挖掘技术的概念 2) 数字化技术的应用 ①用户路径分析 ②交叉销售模型 ③信息质量模型 ④服务保障模型 ⑤用户分层模型 ⑥产品推荐模型	(1) 方法：讲授法、辅助视频法 (2) 重点与难点：数字化技术的应用	1
5. 人员管理	5-1 团队及企业文化建设	(1) 高效团队的建设	1) 贝尔宾团队角色认知 ①智多星 ②外交家 ③审议员 ④协调者 ⑤鞭策者 ⑥凝聚者 ⑦执行者 ⑧完成者 ⑨专业师 2) 平衡团队角色的方法 ①合理搭配角色 ②组建互补性团队 ③平衡团队成员的方式	(1) 方法：讲授法、讨论法、演示法、情景模拟法 (2) 重点与难点：平衡团队角色的方法	1
		(2) 建立团队沟通机制	1) 团队沟通的障碍 ①信息质量不好 ②沟通媒介选择不当 ③心理因素所引起的障碍 2) 解决团队冲突的对策	(1) 方法：讨论法、实训（练习）法、演示法	1

续表

模块	课程	学习单元	课程内容	培训建议	课堂学时
5. 人员管理	5-1 团队及企业文化建设	（2）建立团队沟通机制	3）团队沟通障碍的解决途径 ①团队领导不要轻易对团队成员发火 ②多用鼓励的方式激发团队成员的积极性 ③沟通前多了解情况 ④提供方法并紧盯过程	（2）重点与难点：团队沟通障碍的解决途径	
		（3）组织企业文化活动	1）企业文化的层次 ①精神层的企业文化 ②制度层的企业文化 ③行为层的企业文化 ④物质层的企业文化	（1）方法：案例教学法、辅助视频法 （2）重点与难点：企业文化的传播途径与方式	1
			2）企业文化的传播途径与方式 ①企业文化对内传播 ②企业文化对外传播		
		（4）企业流程与管理制度体系设计	1）流程设计的原则 ①以客户为导向 ②以流程为中心 ③以人为本的团队式管理	（1）方法：讲授法、辅助视频法 （2）重点与难点：企业流程与管理制度体系设计的方法	1
			2）流程设计的程序 ①明确流程的设计目的 ②确定流程的关键节点 ③规范流程使用的文件 ④设置流程的执行主体		
			3）确定关键流程的方法 ①绩效表现 - 重要性矩阵法 ②需求程度 - 准备程度分析法 ③成本 - 收益矩阵法		
	5-2 培训管理	（1）制订培训方案	1）培训需求分析 ①培训需求的调查与确认 ②企业员工培训目标的确定	（1）方法：讲授法、讨论法、演示法	2
			2）员工培训实施方案内容 ①培训目标向受训员工传达的意图 ②组织对受训员工的希望 ③受训员工如何将培训项目要求与自身情况相结合		

续表

模块	课程	学习单元	课程内容	培训建议	课堂学时
5．人员管理	5-2 培训管理	（1）制订培训方案	3）员工培训计划要点 ①培训目的 ②培训目标 ③受训员工和内容 ④培训范围 ⑤培训规模 ⑥培训时间 ⑦培训地点 ⑧培训费用 ⑨培训方法 ⑩培训师	（2）重点：培训需求分析和培训方案制订的步骤 （3）难点：制订培训方案	1
		（2）评估培训效果	1）培训有效性评估的内容 ①认知成果 ②技能成果 ③情感成果 ④效果性成果 ⑤投资净收益 2）培训有效性信息类型 ①培训的及时性 ②培训目标设定的合理性 ③培训课程设置与培训内容安排的适用性 ④培训教材的选用与开发 ⑤培训师的选派 ⑥培训时间的安排 ⑦培训场地的选定 ⑧受训群体的选择 ⑨培训形式的选择 ⑩培训组织与管理状况 3）培训有效性评估的方法 ①观察法 ②问卷调查法 ③测试法 ④情境模拟测试 ⑤绩效考核法 ⑥360度考核法 ⑦前后对照法 ⑧时间序列法 ⑨收益评价法	（1）方法：讲授法、案例教学法、辅助视频法 （2）重点与难点：培训有效性评估的方法	

续表

模块	课程	学习单元	课程内容	培训建议	课堂学时
5. 人员管理	5-3 绩效管理	（1）制定团队绩效目标与评估标准	1）绩效评估指标的类型 ①根据绩效内容分类 ②根据绩效重要程度分类 ③根据指标的可量化程度分类 ④根据被考评的属性分类 2）绩效目标设置的原则 ①明确具体 ②可衡量 ③有行为导向 ④切实可行 ⑤受时间和资源限制	（1）方法：讲授法、辅助视频法 （2）重点与难点：绩效目标设置的原则	1
		（2）实施绩效辅导	1）绩效辅导的内容 ①阶段工作目标完成情况 ②员工工作中的优秀表现 ③员工工作中需要改进的方面 ④员工工作中遇到的困难 ⑤协助下属改进工作的计划 ⑥下一阶段的绩效目标和行动计划的确认 2）绩效辅导的方式	（1）方法：讲授法、辅助视频法 （2）重点与难点：绩效辅导的方式	1
		（3）制订团队绩效改进方案	1）解决团队成员的不良绩效问题 ①尽早处理不良绩效 ②调整自己的情绪 ③仔细分析不良绩效，并进行记录 ④开诚布公地与成员交流 ⑤落实工作改进计划 ⑥一旦绩效得到改善要积极鼓励 ⑦分析产生不良绩效的原因 2）改善团队绩效 ①整合业务 ②设计职务内容 ③提升职务	（1）方法：讲授法、案例教学法、辅助视频法	1

续表

模块	课程	学习单元	课程内容	培训建议	课堂学时
5．人员管理	5-3 绩效管理	（3）制订团队绩效改进方案	3) 进行团队的绩效追踪 ①建立一套有效的信息系统 ②制定讨论进度会议的时间表 ③收集资料为下次会议做准备 ④召开进度会议 ⑤提出绩效意见	（2）重点与难点：进行团队的绩效追踪	
6．财务管理	6-1 资金管理	（1）分析资金需求	1) 资金需求表内容 ①资金需求内容 ②需求总金额 ③需求资金的支付计划 ④资金支付方式 ⑤负责人审批 ⑥其他 2) 资金需求编制方法	（1）方法：讲授法、演示法、辅助视频法 （2）重点与难点：资金需求编制方法	1
		（2）分析资金使用效率	1) 资金使用效率计算 ①资金使用效率 ②资金周转率 2) 资金使用效率的影响因素 ①管理意识 ②资金分配 ③账目管理	（1）方法：讲授法、讨论法 （2）重点与难点：资金使用效率的影响因素	1
	6-2 成本效益分析	（1）实施门店成本预测与决策	1) 门店成本预测方法 ①比例推算法 ②目标利润推算法 ③历史成本法 ④因素分析法 2) 门店成本决策方法 ①总额分析法 ②差量损益分析法 ③相关成本分析法 ④成本无差别点法 ⑤线性规划法 ⑥边际分析法	（1）方法：讲授法、辅助视频法 （2）重点与难点：门店成本决策方法	1

续表

模块	课程	学习单元	课程内容	培训建议	课堂学时
6. 财务管理	6-2 成本效益分析	（2）编制门店成本计划并控制执行	1）编制门店成本计划 ①成本计划编制内容 ②成本计划编制要求 ③成本计划编制步骤	（1）方法：讲授法、辅助视频法 （2）重点与难点：执行门店成本控制	1
			2）执行门店成本控制 ①成本控制的基本程序 ②成本控制的标准 ③成本控制的手段		
		（3）实施门店成本分析与成本目标管理	1）门店成本分析 ①门店成本分析原则 ②门店成本分析方法	（1）方法：讲授法、辅助视频法 （2）重点与难点：门店成本目标管理	1
			2）门店成本目标管理 ①成本目标管理 ②门店的成本目标管理		
		（4）分析门店综合业绩与效益	1）门店经营绩效评价的内容 ①经营效益 ②管理效益 ③服务效益	（1）方法：讲授法、辅助视频法 （2）重点与难点：门店经营业绩与效益分析	1
			2）门店经营业绩与效益分析 ①毛利 ②费用		
	6-3 预算管理	（1）设定门店预算目标	1）门店预算的特征和作用 ①门店预算的特征 ②门店预算的作用	（1）方法：讲授法、讨论法 （2）重点与难点：门店预算目标确定原则	1
			2）门店预算目标确定原则		
		（2）编制门店预算	1）门店预算编制要求 ①可控性 ②一致性 ③可实现性 ④明确性	（1）方法：讲授法、讨论法、实训（练习）法 （2）重点与难点：门店预算编制方法和内容	1
			2）门店预算编制方法和内容 ①门店预算的编制方法 ②门店预算的编制内容		

续表

模块	课程	学习单元	课程内容	培训建议	课堂学时
6．财务管理	6-3 预算管理	（3）控制门店预算执行并分析产生差异的原因	1）门店预算执行控制 ①预算控制 ②门店预算的跟进和调整 ③门店预算执行情况的检查	（1）方法：讲授法、讨论法 （2）重点与难点：门店预算的控制措施	1
			2）门店预算的控制措施 ①门店预算的影响因素 ②门店预算控制原则 ③门店预算管理方法		
7．市场开发管理	7-1 市场分析	（1）市场	1）市场的概念	（1）方法：辅助视频法 （2）重点与难点：市场的细分	1
			2）市场的构成 ①可供交换的产品 ②提供产品的卖方 ③购买产品的买方		
			3）市场的细分 ①按照消费者所处的地理位置和自然环境划分 ②按照消费者人口属性划分 ③按照消费者心理和行为划分		
		（2）目标市场调查	1）目标市场人口属性调查 ①调查内容 ②调查方法	（1）方法：辅助视频法 （2）重点与难点：目标市场消费行为调查	1
			2）目标市场消费行为调查 ①调查内容 ②调查方法		
		（3）目标市场分析	1）目标市场分析的内容与方法 ①目标市场选择 ②目标市场基本情况分析 ③目标市场需求分析 ④目标市场竞争分析	（1）方法：辅助视频法 （2）重点与难点：目标市场分析报告构成	1
			2）目标市场分析报告构成		

续表

模块	课程	学习单元	课程内容	培训建议	课堂学时
7. 市场开发管理	7-2 商圈分析	(1) 商圈分析的内容与方法	1) 商圈分析的内容 ①商圈范围 ②商圈形态 ③商圈人口 ④商圈竞争 ⑤商圈交通 2) 商圈分析的方法 ①经验作图法 ②顾客调查法 ③雷利零售引力法则	(1) 方法：辅助视频法 (2) 重点与难点：商圈分析的方法	1
		(2) 商圈评估报告	1) 商圈评估报告的构成 2) 商圈评估报告的编制流程	(1) 方法：讲授法、辅助视频法 (2) 重点与难点：商圈评估报告的编制流程	2
	7-3 投资分析	(1) 门店投资面积规模的影响因素	1) 业态选择 2) 市场定位 3) 市场需求	(1) 方法：讲授法 (2) 重点与难点：市场定位	1
		(2) 门店开发成本的构成	1) 从成本角度 ①固定成本 ②变动成本 2) 从投资角度 ①固定资产 ②流动资产 ③无形资产 ④递延资产	(1) 方法：讲授法 (2) 重点与难点：从不同角度分析门店开发成本构成	1
		(3) 预选店铺业绩评估	1) 客流预测 ①客群来源法 ②现场调查法 ③大数据法 2) 销售额预测 ①公式法 ②类推法 ③销售预测模型	(1) 方法：讲授法 (2) 重点与难点：预选店铺业绩评估	1

续表

模块	课程	学习单元	课程内容	培训建议	课堂学时
7．市场开发管理	7-3 投资分析	（4）预选店铺环境与合规评估	1) 预选店铺环境评估 ①物业外部条件 ②店铺门前条件 ③相邻店铺 ④停车条件 2) 预选店铺合规评估 ①物业证照 ②物业性质 ③内部情况 ④租赁谈判	（1）方法：讲授法、辅助视频法 （2）重点与难点：预选店铺合规评估	1
		（5）门店开发投资分析	1) 门店开发投资分析的步骤 ①筹划 ②调研 ③提出开发方案 ④评估方案 ⑤编写可行性报告 2) 门店开发投资分析的内容 ①总论 ②宏观投资环境分析 ③需求预测 ④主要竞争状况分析 ⑤门店业态选择和经营规模分析 ⑥门店选址分析 ⑦门店卖场布局策划方案的分析 ⑧门店经营策略分析 ⑨投资估算和筹资方案分析 ⑩财务评价 ⑪门店开发可行性结论	（1）方法：讲授法、辅助视频法 （2）重点与难点：门店开发投资分析的内容	1
	7-4 门店布局	（1）门店外部规划方案编制方法	1) 门店外部规划原则 ①可见性 ②标准性 ③吸引性 ④合规性 2) 门店外部规划方案内容 ①外立面 ②出入口 ③广场 ④停车场	（1）方法：讲授法、案例教学法、辅助视频法 （2）重点与难点：门店外部规划方案内容	1

续表

模块	课程	学习单元	课程内容	培训建议	课堂学时
7. 市场开发管理	7-4 门店布局	（2）顾客与产品动线规划设计	1）顾客动线的设计原则 ①遍历性 ②可见性 ③可达性 ④秩序性 2）产品动线的设计原则 ①高效性 ②独立性 3）顾客动线设计内容 ①外部动线 ②内部动线 4）产品动线设计内容 ①服务动线 ②产品动线 5）动线设计的方法 ①确定动线 ②分析动线 ③改善动线	（1）方法：讲授法、案例教学法、辅助视频法 （2）重点与难点：顾客与产品动线规划设计内容	1
7. 市场开发管理	7-4 门店布局	（3）门店产品、通道与设施布局规划	1）产品布局 ①规划原则 ②磁石理论 2）通道布局 ①宽度适合 ②笔直 ③平坦 ④无死角 ⑤明亮 3）设施布局 ①货架 ②休息座 ③试衣间 ④服务台 ⑤收银台	（1）方法：讲授法、讨论法、实训（练习）法 （2）重点与难点：门店产品、通道与设施布局规划	1
8. 特许经营管理	8-1 加盟商引进	（1）加盟商招募	1）加盟商选定的标准 ①个性特点适合加盟创业 ②管理能力胜任加盟运营 ③个人条件支持加盟创业	（1）方法：讲授法、辅助视频法	1

续表

模块	课程	学习单元	课程内容	培训建议	课堂学时
8．特许经营管理	8-1 加盟商引进	（1）加盟商招募	2）加盟商资质审核内容 ①加盟动机审核 ②个人资历审核 ③工作能力审核 ④加盟认知审核 ⑤财务状况审核 ⑥创业资源审核	（2）重点与难点：加盟商资质审核内容	
		（2）加盟信息推广	1）加盟推广渠道与媒介 ①展会推广 ②媒体推广 ③人员推广 ④店面卖点广告推广 ⑤内部创业推广 2）加盟商招募信息的要素 ①连锁企业介绍 ②加盟项目简介 ③加盟总部支持 ④加盟模式及投资回报 ⑤加盟条件 ⑥加盟常见问题与解答 ⑦企业重要的图片资料 3）加盟推广方案的内容 ①成立推广活动组织部门 ②建立样板店 ③拟定加盟商条件 ④准备加盟招募文件 ⑤发布加盟招商信息 ⑥遴选加盟人 ⑦签订加盟合同 ⑧培训加盟商 ⑨支持加盟店开业	（1）方法：讲授法、案例教学法、辅助视频法 （2）重点：加盟商招募信息的要素 （3）难点：加盟推广方案的内容	1
		（3）选定加盟商	1）加盟商考察内容与申请资料标准 ①加盟商考察内容 ②加盟商申请资料标准 2）加盟商评估标准与方法 ①加盟商评估标准 ②加盟商评估方法	（1）方法：讲授法 （2）重点与难点：加盟商评估标准与方法	1

续表

模块	课程	学习单元	课程内容	培训建议	课堂学时
8.特许经营管理	8-2 特许经营督导与知识产权维护	(1) 建立加盟商管理与培训机制	1) 加盟商管理与培训内容 ①组织、员工的管理与培训 ②日常运营的管理与培训 ③经营业绩的管理与培训	(1) 方法：讲授法、讨论法 (2) 重点与难点：加盟商管理与培训方法	1
			2) 加盟商管理与培训方法 ①组织管理 ②培训管理 ③营运督导 ④运营管理手册规范		
		(2) 设计特许督导评价指标	1) 督导评价指标原则 ①维护总部运营管理标准，做好总部政策的执行及监控工作 ②协助店铺的营运管理，做各加盟店的引导者 ③充分收集各方面信息，保持与各方有效沟通 ④维护企业品牌形象，实现连锁经营的高度统一	(1) 方法：讲授法、讨论法 (2) 重点与难点：督导评价指标内容	1
			2) 督导评价指标内容 ①店长作业督导 ②产品管理督导 ③收银管理督导 ④顾客服务与投诉督导 ⑤加盟店运营状况督导 ⑥店面形象与岗位人员督导		
		(3) 维护特许经营知识产权	1) 特许经营知识产权侵权行为的范畴 ①特许经营知识产权的许可使用 ②特许经营知识产权的侵权表现	(1) 方法：讲授法、讨论法 (2) 重点与难点：特许经营知识产权维护的途径与流程	1
			2) 特许经营知识产权维护的途径与流程 ①特许经营知识产权维护的途径 ②特许经营知识产权维护的诉讼流程		
课堂学时合计					80

2.2.5 一级/高级技师职业技能培训课程规范

模块	课程	学习单元	课程内容	培训建议	课堂学时
1. 产品管理	1-1 制定产品战略	(1) 产品定位	1) 产品定位的概念 ①产品定位的定义 ②产品定位的影响因素 2) 产品定位的类型 ①产品功能属性定位 ②产品外观定位 ③产品卖点定位 ④产品价格定位 ⑤产品品牌属性定位 ⑥产品服务定位 3) 产品定位的方法 ①避强定位法 ②对抗性定位法 ③重新定位法	(1) 方法：讲授法、讨论法 (2) 重点：产品定位的类型 (3) 难点：产品定位的方法	1
		(2) 品类管理体系	1) 品类管理体系构成 ①战略与目标 ②管理理念 ③组织结构与职责分工 ④业务流程 ⑤品类管理制度 ⑥供零关系 2) 品类管理制度制定 ①品类管理制度制定的要求 ②标准化品类管理制度的制定 ③标准化品类管理工作流程与内容 3) 供应商协同的品类方案制定 ①供应商协同的优势 ②供应商协同的品类方案	(1) 方法：讲授法、讨论法、案例教学法 (2) 重点：品类管理制度制定 (3) 难点：供应商协同的品类方案制定	1
		(3) 品类战略回顾	1) 品类管理回顾的目的 ①检验品类管理目标实现情况 ②检验品类成长的动力 ③改善零供双方关系	(1) 方法：讲授法、讨论法、案例教学法	1

续表

模块	课程	学习单元	课程内容	培训建议	课堂学时
1. 产品管理	1-1 制定产品战略	（3）品类战略回顾	2）品类管理回顾的分类 ①战略层面的品类回顾 ②战术层面的品类回顾	（2）重点：品类管理回顾的分类 （3）难点：实施品类战略回顾的内容	
			3）实施品类战略回顾的内容 ①外部环境 ②供应商关系 ③品类战略调整		
	1-2 品牌招商管理	（1）制订招商规划方案	1）招商规划方案编制的原则 ①可操作性原则 ②明确定位原则 ③规避风险原则 ④全面性原则	（1）方法：讲授法、讨论法、案例教学法 （2）重点：招商规划方案流程 （3）难点：制定招商政策与编制招商文件	1
			2）招商规划方案流程 ①招商目标定位 ②确定经销商标准 ③经销商评选策略 ④确定要约步骤 ⑤招商培训辅导 ⑥招商政策 ⑦招商工作计划进度 ⑧招商费用预算		
			3）制定招商政策与编制招商文件 ①制定招商政策 ②编制招商文件		
		（2）产品（品牌）评估与维护	1）产品（品牌）外部环境评估要素 ①品牌认知 ②市场表现 ③品牌忠诚度 ④产品认可度	（1）方法：讲授法、讨论法、案例教学法 （2）重点：产品（品牌）外部环境评估要素 （3）难点：产品（品牌）维护策略	1
			2）产品（品牌）维护策略 ①维护产品（品牌）核心价值 ②不断提升产品质量 ③不断创新 ④做好诚信度管理		

续表

模块	课程	学习单元	课程内容	培训建议	课堂学时
1. 产品管理	1-3 采购管理	(1) 采购谈判	1) 采购谈判的内容 ①商品品质 ②商品价格 ③商品数量 ④商品交货方式 ⑤货款支付方式 ⑥保险 ⑦争议处理 2) 采购谈判的策略 ①抛砖引玉策略 ②留有余地策略 ③避免争论策略 ④保持沉默策略 ⑤情感沟通策略 3) 采购谈判的方法 ①强硬型谈判法 ②价值型谈判法 ③温和型谈判法	(1) 方法：讲授法、讨论法、案例教学法、辅助视频法 (2) 重点：采购谈判的策略 (3) 难点：采购谈判的方法	1
		(2) 建立采购管理体系	1) 采购管理体系的构成 ①采购组织结构 ②采购业务流程 ③供应商管理 ④采购成本管理 ⑤采购绩效考核 ⑥采购信息系统 2) 产品采购管理体系的建立 ①采购组织结构的建立 ②建立采购业务流程 ③供应商管理 ④采购成本管理 ⑤采购绩效考核 ⑥建立采购信息系统	(1) 方法：讲授法、案例教学法、辅助视频法 (2) 重点：采购管理体系的构成 (3) 难点：产品采购管理体系的建立	1
		(3) 供应商绩效评估与策略调整	1) 供应商绩效评估系统构建的原则 ①明确而具体 ②可度量 ③可操作 ④相关性 ⑤期限性	(1) 方法：讲授法、案例教学法、辅助视频法	1

续表

模块	课程	学习单元	课程内容	培训建议	课堂学时
1. 产品管理	1-3 采购管理	（3）供应商绩效评估与策略调整	2）供应商绩效评估系统的构成 ①供应商绩效评估指标体系 ②供应商绩效辅导 ③供应商绩效激励	（2）重点：供应商绩效评估系统的构成 （3）难点：供应商调整	
			3）供应商调整		
	1-4 库存管理	（1）配送中心库存优化	1）配送中心库存需求预测 ①库存需求预测的方法 ②库存需求预测的流程	（1）方法：讲授法、讨论法、案例教学法、实训（练习）法 （2）重点：提高库存周转率的措施 （3）难点：配送中心库存优化方案	1
			2）配送中心库存优化方案 ①库存ABC分类优化 ②订货模型优化 ③库存管理方式优化		
			3）提高库存周转率的措施 ①提高销售预测水平 ②及时清理淘汰产品 ③改进订货模型		
		（2）配送中心采购	1）配送中心采购的原则 ①符合业态特性的原则 ②符合商品组合的原则 ③符合高周转率的原则 ④符合毛利率目标的原则 ⑤符合安全卫生的原则 ⑥追求差异化的原则	（1）方法：讲授法、讨论法、案例教学法 （2）重点：配送中心采购的原则 （3）难点：配送中心采购方案的内容	1
			2）配送中心采购方案的内容 ①产品信息 ②采购需求分析 ③制订采购计划 ④采购流程 ⑤供应商管理 ⑥风险管理 ⑦绩效评估		
2. 营销管理	2-1 市场定位	（1）测算市场规模	1）市场规模测算步骤	（1）方法：讲授法、讨论法、案例教学法 （2）重点：市场规模测算步骤 （3）难点：市场规模测算方法	1
			2）市场规模测算方法 ①自上而下的方法 ②自下而上的方法		

续表

模块	课程	学习单元	课程内容	培训建议	课堂学时
2. 营销管理	2-1 市场定位	（2）编制市场可行性分析报告	1）市场可行性分析报告内容 ①投资必要性 ②技术可行性 ③财务可行性 ④组织可行性 ⑤经济可行性 ⑥社会可行性 ⑦风险因素及对策 2）编制市场可行性分析报告的步骤和要求 ①市场可行性分析报告编写步骤 ②市场可行性分析报告编制要求	（1）方法：讲授法、讨论法、案例教学法 （2）重点：市场可行性分析报告内容 （3）难点：编制市场可行性分析报告的步骤和要求	1
	2-2 渠道管理	（1）选择与分析营销渠道组合	1）营销渠道组合的模式 ①营销渠道的基本类型 ②营销渠道组合的重要性 ③营销渠道组合的原则和步骤 2）营销渠道组合策略的分析 ①主要渠道策略 ②影响渠道策略选择的因素	（1）方法：讲授法、案例教学法 （2）重点：营销渠道组合的模式 （3）难点：营销渠道组合策略的分析	2
		（2）评估媒介营销效果	1）媒介营销效果评估内容 ①沟通目标 ②沟通信息 ③媒体类型 2）媒介营销效果评估标准 ①曝光度 ②理解度 ③回忆度 ④说服力 ⑤意图 ⑥行为	（1）方法：讲授法、案例教学法、讨论法 （2）重点：媒介营销效果评估内容 （3）难点：媒介营销效果评估标准	1
	2-3 营销策划	（1）制定线上与线下全渠道营销策略	1）线上与线下全渠道营销策略的制定步骤 ①确定客户画像 ②选择投放的渠道 ③创建一个统一体验的营销渠道	（1）方法：讲授法、案例教学法、讨论法	1

续表

模块	课程	学习单元	课程内容	培训建议	课堂学时
2. 营销管理	2-3 营销策划	（1）制定线上与线下全渠道营销策略	④遵守每个渠道的投放规则 ⑤整合跨渠道的体验 ⑥实施营销自动化 ⑦衡量营销归因	（2）重点：线上与线下全渠道营销策略的制定步骤 （3）难点：线上与线下全渠道营销管理方法	
			2）线上与线下全渠道营销管理方法 ①了解用户，绘制用户旅程 ②线上线下全渠道协作管理 ③线上线下全渠道定价管理		
		（2）制定品牌营销策略	1）品牌营销策略内容 ①市场定位和分析营销机会 ②分析消费者市场和购买行为 ③确定细分市场和选择目标市场 ④开发营销战略 ⑤制造创意新颖性的产品 ⑥品牌运营和品牌维护	（1）方法：讲授法、案例教学法、讨论法 （2）重点：品牌营销策略内容 （3）难点：品牌营销策略制定方法	1
			2）品牌营销策略制定方法 ①细分市场 ②精准定位 ③独辟新径 ④借船出海 ⑤挑战名牌 ⑥集中优势 ⑦出奇制胜 ⑧品牌延伸 ⑨他山之石 ⑩新闻公关		
3. 营运管理	3-1 规范与质量管理	（1）构建公司营运管理体系	1）公司营运管理体系的构成内容	（1）方法：讲授法、讨论法、案例教学法 （2）重点：公司营运管理体系的构成内容 （3）难点：构建公司营运管理体系的路径	2
			2）构建公司营运管理体系的路径 ①明确目标顾客与企业定位 ②作业活动的职能化 ③作业活动的流程化 ④管理标准的细化 ⑤培训 ⑥检查 ⑦考评 ⑧控制		

续表

模块	课程	学习单元	课程内容	培训建议	课堂学时
3. 营运管理	3-1 规范与质量管理	(2) 构建公司质量与环境标准体系	1) 质量与环境标准体系的构成内容 ①编写标准体系的目的 ②标准体系的内容	(1) 方法：讲授、讨论法、案例教学法 (2) 重点与难点：公司质量管理手册编制的方法	1
			2) 公司质量管理手册编制的方法 ①质量管理体系制定原则 ②制定步骤		
		(3) 编制公司营运管理手册	1) 公司营运管理手册编制的内容	(1) 方法：讲授法、讨论法、案例教学法 (2) 重点与难点：公司营运管理手册编制的内容	1
			2) 公司营运管理手册的编制方法 ①标准化门店营运管理手册的形成过程 ②门店营运管理手册的编制步骤		
	3-2 客服管理	构建公司服务管理标准体系	1) 公司服务管理分类 ①服务管理的概念 ②分类	(1) 方法：讲授法、讨论法、案例教学法 (2) 重点：公司服务标准 (3) 难点：顾客忠诚度管理体系的构成	1
			2) 公司服务标准 ①决定服务质量的要素 ②服务质量标准要素		
			3) 顾客忠诚度管理体系的构成 ①顾客忠诚度的测评 ②顾客忠诚的价值 ③提升顾客忠诚度的策略		
	3-3 安全与危机管理	(1) 构建公司营运安全与危机管理体系	1) 公司安全管理体系建设内容 ①门店安全管理 ②门店食品安全管理 ③门店消防安全管理	(1) 方法：讲授法、讨论法、案例教学法 (2) 重点：公司安全管理体系建设内容 (3) 难点：公司危机管理体系建设内容	1
			2) 公司危机管理体系建设内容 ①危机管理的内涵 ②危机管理的过程		

续表

模块	课程	学习单元	课程内容	培训建议	课堂学时
3. 营运管理	3-3 安全与危机管理	（2）处置媒体舆情危机	1）媒体舆情危机的处置方法 ①不争不吵 ②永远感谢 ③区别运用	（1）方法：讲授法、讨论法、案例教学法 （2）重点：媒体舆情危机的处置方法 （3）难点：媒体舆情危机的处置技巧	1
			2）媒体舆情危机的处置技巧		
		（3）处置突发危机	1）突发危机的处置流程 ①火灾 ②台风、暴雨、高温等恶劣天气 ③人身意外 ④突然停电 ⑤骚乱、打架行为	（1）方法：讲授法、讨论法、案例教学法、情景模拟法 （2）重点：突发危机的处置流程 （3）难点：突发危机的处置技巧	1
			2）突发危机的处置技巧 ①预防为主，计划为先 ②快速反应，机智灵活 ③以人为先，保护财产		
4. 信息与数字化管理	4-1 信息数据分析与决策	（1）运用企业营运信息系统分析与决策	1）企业营运信息数据分析的方法 ①数字和趋势 ②维度分解 ③用户分群 ④转化漏斗分析 ⑤行为轨迹分析 ⑥留存分析 ⑦A/B测试 ⑧数学建模	（1）方法：讲授法、讨论法、案例教学法 （2）重点：企业营运信息数据分析的方法 （3）难点：运用企业营运数据决策的流程	2
			2）运用企业营运数据决策的流程 ①标准化决策流程 ②多方案型决策流程 ③创新型决策流程		

续表

模块	课程	学习单元	课程内容	培训建议	课堂学时
4. 信息与数字化管理	4-1 信息数据分析与决策	（2）运用企业供应链信息系统分析与决策	1）企业供应链信息数据分析的方法 ①核心能力分析 ②时间管理分析 ③成本分析 ④风险分析 2）运用企业供应链信息数据决策的流程 ①通过供应链数据分析预测产品/服务的市场需求 ②将产品/服务需求细分到研发、生产、销售、售后等各个过程 ③遵照产品/服务持续创新，满足市场需求，实现全渠道供应链协调	（1）方法：讲授法、讨论法、案例教学法 （2）重点：企业供应链信息数据分析的方法 （3）难点：运用企业供应链信息数据决策的流程	1
		（3）运用企业财务信息系统分析与决策	1）企业财务信息数据分析的方法 ①垂直分析法 ②水平分析法 ③趋势分析法 ④比率分析法 ⑤因素分析法 ⑥比较分析法 2）运用企业财务信息数据决策的流程 ①搜集整理财务分析信息 ②了解企业所处产业（或行业）的经济特征 ③分析企业竞争策略 ④分析财务报表，评估企业的赢利能力与风险 ⑤得出财务分析结论，撰写财务分析报告	（1）方法：讲授法、讨论法、案例教学法 （2）重点：企业财务信息数据分析的方法 （3）难点：运用企业财务信息数据决策的流程	2
		（4）运用企业顾客信息系统分析与决策	1）企业顾客信息数据分析的方法 ①顾客结构细分 ②区分新老顾客 ③分析顾客的购买行为 ④顾客分析模型	（1）方法：讲授法、讨论法、案例教学法 （2）重点：企业顾客信息数据分析的方法	2

续表

模块	课程	学习单元	课程内容	培训建议	课堂学时
4．信息与数字化管理	4-1 信息数据分析与决策	（4）运用企业顾客信息系统分析与决策	2）运用企业顾客信息数据决策的流程 ①精准定位 ②创建顾客大数据库 ③评估并锁定有价值的顾客 ④了解顾客的接触点和偏好	（3）难点：运用企业顾客信息数据决策的流程	
	4-2 数字化运营	（1）构建线上与线下数字化经营模式	1）数字化经营模式构建的基础要求 ①企业实现数字化转型升级的能力要求 ②企业数字化运营模式的基础	（1）方法：讲授法、讨论法、案例教学法 （2）重点：数字化经营模式构建的基础要求 （3）难点：支持企业数字化转型需要构建的数字技术能力	1
			2）支持企业数字化转型需要构建的数字技术能力 ①新兴技术应用能力 ②企业架构能力 ③数据分析能力 ④数据安全能力		
			3）数字化经营模式构建的管理实践 ①打造敏捷组织 ②经营业务与IT深度融合 ③建立统一的流程 ④建设企业文化		
		（2）构建线上与线下数字化运营平台	1）数字化转型基本流程 ①基础设施云化 ②构建数字化门店 ③组织的核心业务在线化 ④数据中台赋能运营 ⑤供应链智能化	（1）方法：讲授法、讨论法、案例教学法 （2）重点：数字化转型基本流程 （3）难点：数字能力运营体系构建	2
			2）数据中台的理念与架构 ①数据中台的原理 ②连锁企业数据中台		
			3）数字能力运营体系构建 ①业务和能力全景可视化 ②能力从服务接入 ③流程驱动的能力沉淀 ④服务分析 ⑤高效支持业务个性化需求 ⑥解决方案中心		

续表

模块	课程	学习单元	课程内容	培训建议	课堂学时
5. 人员管理	5-1 团队建设	（1）评估团队领导力的有效性	1）领导方式的基本类型 ①专权型领导方式 ②民主型领导方式 ③放任型领导方式 2）有效领导方式的选择 ①自身风格 ②下属执行任务的技能程度 ③任务及环境 3）胜任力与管理者胜任素质模型 ①胜任力的概念 ②胜任力特征 ③胜任力模型 ④管理人员的通用素质模型	（1）方法：讲授法、讨论法、案例教学法 （2）重点：有效领导方式的选择 （3）难点：胜任力与管理者胜任素质模型	1
		（2）建立激励机制与奖惩机制	1）建立激励机制和奖惩机制的原则 ①物质激励与精神激励相结合原则 ②正激励与负激励相结合原则 ③短期激励与长期激励相结合原则 ④绩效原则 ⑤公平原则 2）建立激励机制和奖惩机制的措施 ①委以恰当工作以激发员工内在的工作热情 ②正确评价工作成果以形成良性循环 ③掌握批评方式以变消极为积极 ④加强教育培训以提高员工素质与工作热情 ⑤适当提高薪金的额度并给予员工关心照顾 ⑥改善劳动环境并提高奖金分配额度	（1）方法：讲授法、讨论法、案例教学法 （2）重点：建立激励机制和奖惩机制的原则 （3）难点：建立激励机制和奖惩机制的措施	2

续表

模块	课程	学习单元	课程内容	培训建议	课堂学时
5. 人员管理	5-1 团队建设	(3) 评估薪酬体系的匹配度	1) 薪酬的影响因素 2) 薪酬设计的原则 ①公平性原则 ②竞争性原则 ③经济性原则 ④合法性原则 3) 薪酬激励的模式 ①高弹性的薪酬激励模式 ②高稳定性的薪酬激励模式 ③调和性的薪酬激励模式	(1) 方法：讲授法、讨论法、案例教学法 (2) 重点：薪酬设计的原则 (3) 难点：薪酬激励的模式	1
	5-2 企业文化建设	(1) 企业文化功能与机制	1) 企业文化的功能 ①引导力 ②凝聚力 ③约束力 ④激励力 ⑤协调力 ⑥辐射力 ⑦优化力 2) 企业文化的诊断 ①企业文化诊断的概念 ②企业文化诊断的内容	(1) 方法：讲授法、讨论法、案例教学法 (2) 重点：企业文化的功能 (3) 难点：企业文化的诊断	1
		(2) 企业文化系统建设	1) 企业文化系统构建的要素 ①企业环境 ②价值观 ③英雄人物 ④习俗与仪式 ⑤文化网络 2) 企业文化系统构建的程序 ①构建企业文化的系统工程 ②宣传企业文化的价值理念 ③打造企业文化的活动平台 ④推进企业文化的全面转化	(1) 方法：讲授法、讨论法、案例教学法 (2) 重点：企业文化系统构建的要素 (3) 难点：企业文化系统构建的程序	2
6. 财务管理	6-1 资产管理	(1) 分析资产构成要素	1) 资产构成要素 ①流动资产 ②长期投资 ③固定资产 ④无形资产 ⑤递延资产	(1) 方法：讲授法、讨论法、案例教学法 (2) 重点：资产构成要素	1

续表

模块	课程	学习单元	课程内容	培训建议	课堂学时
6. 财务管理	6-1 资产管理	(1) 分析资产构成要素	2) 资产统计分析方法 ①资产负债表分析 ②主要资产项目分析 ③资产结构的具体分析评价 ④资产结构与资本结构适应程度的分析评价	(3) 难点：资产统计分析方法	
		(2) 实施资产优化	1) 资产管理内容 ①存货管理 ②固定资产管理 ③无形资产管理 2) 资产管理的方法 ①制度与流程管理 ②风险管理	(1) 方法：讲授法、讨论法、案例教学法 (2) 重点：资产管理内容 (3) 难点：资产管理的方法	1
	6-2 成本效益分析	(1) 实施区域成本预测和决策	1) 区域成本预测方法 ①产品开发战略下的成本预测 ②市场开发战略下的成本预测 ③横向规模扩张战略下的成本预测 ④纵向一体化战略下的成本预测 2) 区域成本决策方法 ①新产品开发的决策分析 ②亏损产品应否停产的决策分析 ③半成品是否进一步加工的决策分析 ④联产品是否进一步加工的决策分析 ⑤合理组织生产的决策分析 ⑥最佳订货批量的决策分析 ⑦最佳生产批量的决策分析 ⑧最佳质量成本的决策分析	(1) 方法：讲授法、讨论法、案例教学法 (2) 重点：区域成本预测方法 (3) 难点：区域成本决策方法	2
		(2) 编制区域成本计划	1) 区域成本计划编制的要求 ①要以先进合理的技术经济定额为基础 ②要以其他生产经营计划为依据 ③按照分口分级管理原则进行组织	(1) 方法：讲授法、讨论法、案例教学法 (2) 重点：区域成本计划编制的要求	2

续表

模块	课程	学习单元	课程内容	培训建议	课堂学时
6.财务管理	6-2 成本效益分析	(2) 编制区域成本计划	2) 区域成本计划编制的方法 ①按产品计算的产品成本计划 ②制造费用计划 ③生产经营费用预算	(3) 难点：区域成本计划编制的方法	
		(3) 实施区域成本分析与成本目标管理	1) 区域成本分析 ①区域总成本水平分析 ②各战略经营领域成本水平分析 ③主要产品单位成本分析 2) 区域成本目标管理 ①区域成本目标 ②区域成本目标管理的策略	(1) 方法：讲授法、讨论法、案例教学法 (2) 重点：区域成本分析 (3) 难点：区域成本目标管理	1
		(4) 分析区域综合业绩与效益	1) 财务综合分析 ①财务综合分析概述 ②财务分析方法 2) 区域综合绩效分析 ①财务报表分析常用指标 ②企业经营绩效评价常用指标	(1) 方法：讲授法、讨论法、案例教学法 (2) 重点：财务综合分析 (3) 难点：区域综合绩效分析	1
	6-3 预算管理	(1) 统筹区域预算目标	1) 区域预算的内容和特征 ①全面预算的内容 ②全面财务预算的特征 2) 区域预算目标确定原则 ①先进性原则 ②可行性原则 ③适应性原则 ④导向性原则 ⑤系统性原则	(1) 方法：讲授法、讨论法、案例教学法 (2) 重点：区域预算的内容和特征 (3) 难点：区域预算目标确定原则	1
		(2) 编制区域预算	1) 区域预算编制原则 ①全局战略性 ②资源配置合理性 ③内部协调性 ④绩效可评价 ⑤目标可调性 ⑥管理可优化 2) 区域预算编制方法	(1) 方法：讲授法、讨论法、案例教学法 (2) 重点：区域预算编制原则 (3) 难点：区域预算编制方法	2

续表

模块	课程	学习单元	课程内容	培训建议	课堂学时
6．财务管理	6-3 预算管理	（3）平衡区域预算执行情况	1）区域预算差异分析 2）区域预算的调控策略 ①区域预算调整 ②区域预算控制策略	（1）方法：讲授法、讨论法、案例教学法 （2）重点：区域预算差异分析 （3）难点：区域预算的调控策略	1
7．市场开发管理	7-1 市场发展规划	（1）市场拓展战略与发展模式	1）市场拓展战略 ①集中扩张 ②多元化扩张 ③一体化扩张 ④合作扩张 2）市场发展模式 ①"滚雪球"模式 ②"保龄球"模式 ③"采蘑菇"模式 ④"农村包围城市"模式 ⑤"遍地开花"模式	（1）方法：讲授法、讨论法、案例教学法 （2）重点：市场拓展战略 （3）难点：市场发展模式	1
		（2）市场开发	1）市场开发流程 2）市场开发标准 ①选择目标市场的标准 ②城市、商圈、店址的评估原则	（1）方法：讲授法、讨论法、案例教学法 （2）重点：市场开发流程 （3）难点：市场开发标准	2
	7-2 城市与商圈分析	（1）城市评估	1）城市评估的基本要素 ①城市人口状况 ②城市经济发展状况 ③城市地理状况 ④城市基础设施 ⑤城市交通状况 ⑥城市商业友好程度 ⑦房地产状况 ⑧竞争状况 ⑨城市主要商圈情况 ⑩城市未来发展规划 2）城市评估的方法 ①指标体系法 ②头脑风暴法	（1）方法：讲授法、讨论法、案例教学法 （2）重点：城市评估的基本要素 （3）难点：城市评估的方法	1

续表

模块	课程	学习单元	课程内容	培训建议	课堂学时
7. 市场开发管理	7-2 城市与商圈分析	(2) 城市评估报告	1) 城市评估报告的结构和内容 ①标题 ②摘要 ③正文 ④附件 2) 城市评估报告的编制要求 ①编制原则 ②编制流程	(1) 方法：讲授法、讨论法、案例教学法 (2) 重点：城市评估报告的结构和内容 (3) 难点：城市评估报告的编制要求	2
	7-3 投资分析	(1) 门店开发评估体系	1) 门店开发评估体系的内容 ①门店商圈 ②门店立地 ③门店物业 2) 门店开发评估体系的构建方法 ①分析门店开发需求 ②根据开发需求拆分评估指标 ③为每个指标细化评估维度 ④根据评价指标的重要性程度，为每个指标赋值	(1) 方法：讲授法、讨论法、案例教学法 (2) 重点：门店开发评估体系的内容 (3) 难点：门店开发评估体系的构建方法	2
		(2) 门店开发投资决策的方法	1) 贴现现金流量法 ①净现值法 ②内部收益率法 2) 投资回收期法 ①静态投资回收期法 ②动态投资回收期法	(1) 方法：讲授法、讨论法、案例教学法 (2) 重点：贴现现金流量法 (3) 难点：投资回收期法	1
	7-4 门店布局	(1) 卖场区域划分	1) 门店布局 ①门店的空间管理有助于增加销售额 ②方便顾客找到需要的产品 ③有助于控制高峰时段的客流 2) 卖场区域划分标准 ①导入区 ②销售区 ③休息区 ④服务区	(1) 方法：讲授法、讨论法、案例教学法	1

续表

模块	课程	学习单元	课程内容	培训建议	课堂学时
7．市场开发管理	7-4 门店布局	（1）卖场区域划分	3）卖场区域划分方法 4）门店布局的形式 ①网格布局 ②环形布局 ③自由布局 ④混合布局	（2）重点与难点：门店布局	
		（2）业态的组合模式	1）按功能结构组合 ①购物 ②餐饮 ③休闲娱乐 2）按主力店结构组合 ①主力店 ②普通店	（1）方法：讲授法、讨论法、案例教学法 （2）重点：按功能结构组合 （3）难点：按主力店结构组合	1
		（3）布局效率的评估方法	布局效率评估的方法 ①客流量 ②转化率 ③客单价 ④利润 ⑤坪效	（1）方法：讲授法、讨论法、案例教学法 （2）重点与难点：布局效率评估的方法	1
8．特许经营管理	8-1 特许经营市场分析	（1）特许经营项目实施计划	1）特许经营项目实施计划的内容 ①项目实施目标 ②区域发展计划 ③扩张速度与发展密度 ④特许经营管理体系 2）特许经营项目实施计划编制的方法 ①宏观环境分析 ②微观行业环境分析 ③竞争环境分析 ④战略分析与规划	（1）方法：讲授法、讨论法、案例教学法 （2）重点与难点：特许经营项目实施计划的内容与编制的方法	1
		（2）特许经营项目风险评估	1）特许经营项目风险的构成 ①特许经营项目可行性不足导致的决策失误风险 ②特许经营项目发展不成熟导致的经营决策风险 ③特许加盟体系盲目扩大导致的管理难度加大风险	（1）方法：讲授法、讨论法、案例教学法	1

续表

模块	课程	学习单元	课程内容	培训建议	课堂学时
8. 特许经营管理	8-1 特许经营市场分析	（2）特许经营项目风险评估	2）特许经营项目风险的防范措施 ①加强学习，正确认识加盟模式和加盟关系 ②搭建沟通交流平台，加大加盟商管控支持力度 ③加强自身特许权建设，慎重选择加盟商	（2）重点与难点：特许经营项目风险的防范措施	
		（3）特许经营项目可行性评估	1）特许经营项目可行性分析的要素 ①法律可行性分析 ②政策可行性分析 ③市场可行性分析 ④运营可行性分析 ⑤经济可行性分析	（1）方法：讲授法、讨论法、案例教学法 （2）重点：特许经营项目可行性分析的方法 （3）难点：特许经营项目可行性分析报告编制	1
			2）特许经营项目可行性分析的方法 ①认清特许企业面临的机会与威胁 ②分析特许企业内部优势和劣势		
			3）特许经营项目可行性分析报告的内容 ①封面 ②简介 ③组织基本情况 ④项目背景和发展概况 ⑤企业态势与可行性分析 ⑥企业实施特许经营的必要性分析 ⑦特许经营发展构想 ⑧社会效益和社会影响力分析 ⑨附件		
	8-2 特许经营模式设计	（1）设计特许经营授权模式	1）特许经营授权模式内容 ①特许经营授权模式 ②区域特许授权内容	（1）方法：讲授法、讨论法	1

续表

模块	课程	学习单元	课程内容	培训建议	课堂学时
8. 特许经营管理	8-2 特许经营模式设计	（1）设计特许经营授权模式	2）特许经营授权模式设计的方法 ①战略发展规划 ②加盟单店特点 ③受许人能力素质 ④资源状况 ⑤竞争状况 ⑥管理能力 3）特许经营发展策略的类型 ①密集型发展战略 ②多业态发展战略 ③一体化发展战略	（2）重点：特许经营授权模式内容与设计的方法 （3）难点：特许经营授权模式设计的方法	
		（2）特许经营费用设计	1）特许经营费用的构成 ①加盟费 ②特许权使用费 ③保证金 ④其他费用 2）特许经营费用设计的方法 ①加盟费 ②特许权使用费	（1）方法：讲授法、讨论法 （2）重点：特许经营费用的构成 （3）难点：特许经营费用设计的方法	1
		（3）构建特许经营管理体系	1）特许经营管理体系的构成内容 ①单店模式 ②特许总部管理体系 2）特许经营管理体系的设计方法 ①单店模式设计 ②特许总部管理体系设计	（1）方法：讲授法、讨论法 （2）重点：特许经营管理体系的构成内容与设计方法 （3）难点：特许经营管理体系的设计方法	1
	8-3 特许经营文件编制与落实	（1）编制特许加盟招商文件	1）特许加盟招商文件的内容 ①加盟指南 ②加盟意向书 2）加盟商运营管理的工作原则 3）加盟商运营管理手册的内容 ①门店运营手册 ②店长手册 ③店员手册	（1）方法：讲授法、讨论法 （2）重点与难点：加盟商运营管理的工作原则	2

续表

模块	课程	学习单元	课程内容	培训建议	课堂学时
8. 特许经营管理	8-3 特许经营文件编制与落实	（2）履行特许经营合同	1）特许经营合同内容与条款 ①特许经营合同内容 ②特许经营合同条款解读 2）特许经营合同签订的流程 ①信息披露与保密协定 ②特许资质审核 ③合同重点条款解读 ④合同审核与签订 3）特许经营合同履行的注意事项 ①特许权使用费的支付方式 ②总部供货的价格 ③商圈保护与启用另一新品牌的问题 ④关于违约罚则 ⑤关于纠纷的处理 ⑥合约终止的处理 ⑦特许经营合同的变更和转让	（1）方法：讲授法、讨论法 （2）重点与难点：特许经营合同签订的流程	1
课堂学时合计					75

2.2.6 培训建议中培训方法说明

1．讲授法

讲授法是指教师通过语言表达的方式，系统地向学员传授知识、传播思想理念的教学方法。即教师通过叙述、描绘、解释、推论来传递信息，传授知识，阐明概念，论证定律和公式，引导学员获取知识、认识和分析问题。

2．讨论法

讨论法是指在教师的指导下，学员以班级或小组为单位，围绕学习单元的内容，对某一专题进行深入探讨，从而获得知识或巩固知识的一种教学方法，要求教师在讨论结束时对讨论的主题做归纳性总结。

3．实训（练习）法

实训（练习）法是指教学中通过模拟实际工作环境，用实际案例，理论联系实践，通过学员参与式学习，让学员巩固知识、运用知识，形成技能技巧，在较短的时间内在专业技能、实践经验、工作方法、团队合作等方面都有所提高的教学方法。

4．演示法

演示法是指在教学过程中，教师通过展示各种实物、教具，进行示范性实验，使学员获得知识、技能的教学方法。教学中，教师对操作内容进行现场演示，边操作边讲解，强调操作的关键步骤和注意事项，让学员边学边做，理论与技能并重，师生互动，提高学生的学习兴趣和学习效率。

5．案例教学法

案例教学法是围绕培训目的把实际中真实的情景加以典型化处理，形成供学员思考分析和决断的案例，通过案例分析，提出问题，分析问题，找到解决问题的途径和手段，提高学员分析问题和解决问题能力的教学方法。

6．情景模拟法

情景模拟法是指教师根据培训内容，事先准备和布置培训现场，并设定情景表演的情景、对话内容及评估标准，通过学员现场的情景模拟活动以及教师对活动效果的及时评估，达到培训预期效果的教学方法。

7．辅助视频法

辅助视频法是辅助课堂教学的一种教学方法。教师通过网络微视频、自制短视频等，加深学员对所学知识点的印象，达到巩固所学知识的目的。

2.3 考核规范

2.3.1 职业基本素质培训考核规范

考核范围	考核比重（%）	考核内容	考核比重（%）	考核单元
1．职业道德与职业守则	20	1-1 职业道德	10	道德与职业道德
		1-2 职业守则	10	职业守则
2．连锁经营管理原理	5	2-1 连锁经营认知	1	连锁经营的认知
		2-2 连锁经营的类型	1	连锁经营的类型
		2-3 连锁企业的组织管理	2	连锁企业的组织管理
		2-4 连锁经营业态	1	连锁经营业态

续表

考核范围	考核比重（%）	考核内容	考核比重（%）	考核单元
3. 连锁经营产品管理	12	3-1 产品概述	2	产品概述
		3-2 品类管理概述	2	品类管理概述
		3-3 品类定义	4	（1）品类定义的概念、特点及其影响因素
				（2）产品组织结构及产品组合
		3-4 品类角色	4	品类角色
4. 连锁经营营销管理	15	4-1 市场营销概述	3	市场营销概述
		4-2 消费者购买行为分析	4	消费者购买行为分析
		4-3 市场调查	4	市场调查
		4-4 价格管理	2	价格管理
		4-5 促销管理	2	促销管理
5. 连锁经营顾客管理	15	5-1 顾客服务	3	顾客服务
		5-2 顾客开发	3	顾客开发
		5-3 顾客维护	6	顾客维护
		5-4 顾客资料收集与整理	3	顾客资料收集与整理
6. 连锁经营营运管理	20	6-1 采购管理	3	采购管理
		6-2 库存管理	2	库存管理
		6-3 卖场布局	4	卖场布局
		6-4 产品陈列	3	产品陈列
		6-5 财务管理	5	财务管理
		6-6 人力资源管理	3	人力资源管理
7. 连锁经营信息管理	5	7-1 连锁企业信息管理	2	连锁企业信息管理
		7-2 连锁企业信息系统	3	连锁企业信息系统
8. 安全与环保知识	5	8-1 安全知识	2	安全知识
		8-2 环保知识	3	环保知识
9. 相关法律、法规知识	3	相关法律、法规知识	3	相关法律、法规知识

2.3.2 四级/中级职业技能培训理论知识考核规范

考核范围	考核比重（%）	考核内容	考核比重（%）	考核单元
1．产品管理	25	1-1 产品分类	5	（1）解读产品条码编码
				（2）识别产品
				（3）产品检查
		1-2 产品分析	5	（1）产品价格分析
				（2）产品经营状况分析
		1-3 采购管理	7	（1）订货与补货作业
				（2）退换货作业
		1-4 库存管理	8	（1）办理产品入库
				（2）在库管理与盘点作业
				（3）办理产品出库
2．营销管理	25	2-1 消费者需求分析	5	（1）识别消费者购买行为
				（2）收集消费者需求信息
		2-2 产品促销	20	（1）执行促销方案
				（2）组织现场促销活动
3．营运管理	25	3-1 规范与质量管理	5	（1）执行门店营运规范、标准与流程
				（2）执行门店产品与服务标准
				（3）执行门店环境与企业形象标准
		3-2 客服管理	10	（1）接待顾客
				（2）处理简单的顾客投诉
				（3）识别并发展会员顾客
		3-3 安全与危机管理	10	（1）执行产品安全规范
				（2）公共设施安全管理与作业规范
				（3）现金安全
				（4）门店营运安全隐患
				（5）处理偷窃事件
				（6）上报和应对突发危机事件

续表

考核范围	考核比重（%）	考核内容	考核比重（%）	考核单元
4．信息与数字化管理	7	4-1 信息系统数据采集与处理	4	（1）信息数据采集与存储 （2）收银系统操作管理 （3）顾客信息管理系统操作 （4）进货、订货与盘点管理系统操作
		4-2 数字化运营	3	（1）应用程序、公众号、小程序等软件的操作 （2）排队等位、定位等新媒体交互应用软件的操作
5．人员管理	8	5-1 招聘与培训管理	3	（1）门店人员招聘需求 （2）引导新员工入职 （3）指导员工工作
		5-2 团队与绩效管理	5	（1）员工排班实施 （2）员工绩效评估
6．财务管理	10	6-1 资产管理	2	（1）按要求管理固定资产 （2）按要求管理低值易耗品
		6-2 资金管理	5	（1）实施收银流程 （2）办理备用金支取 （3）实施现金盘点及缴存
		6-3 报表识读	3	（1）识读门店销售日报表 （2）识读门店毛利日报表

2.3.3 四级／中级职业技能培训操作技能考核规范

考核范围	考核比重（%）	考核内容	考核比重（%）	考核形式	选考方式	考核时间（分钟）	重要程度
1．产品管理	25	1-1 产品分类	5	答辩	必考	20	Y
		1-2 产品分析	5	答辩	必考		Y
		1-3 采购管理	7	考试	必考		Y
		1-4 库存管理	8	考试	必考		X
2．营销管理	20	2-1 消费者需求分析	5	答辩	必考	10	Y
		2-2 产品促销	15	答辩	必考		Y

续表

考核范围	考核比重（%）	考核内容	考核比重（%）	考核形式	选考方式	考核时间（分钟）	重要程度
3．营运管理	25	3-1 规范与质量管理	5	答辩	必考	15	X
		3-2 客服管理	15	考试	必考		Y
		3-3 安全与危机管理	5	考试	必考		X
4．信息与数字化管理	10	4-1 信息系统数据采集与处理	5	考试	必考	25	X
		4-2 数字化运营	5	考试	必考		Y
5．人员管理	10	5-1 招聘与培训管理	5	考试	必考	20	Y
		5-2 团队与绩效管理	5	考试	必考		Y
6．财务管理	10	6-1 资产管理	2	实操	必考	30	Y
		6-2 资金管理	5	实操	必考		Y
		6-3 报表识读	3	实操	必考		X

重要程度说明：
"X"表示核心要素，是鉴定中最重要、出现频率最高的内容，具有必备性、典型性特点。
"Y"表示一般要素，是鉴定中一般重要的内容。

2.3.4 三级/高级职业技能培训理论知识考核规范

考核范围	考核比重（%）	考核内容	考核比重（%）	考核单元
1．产品管理	25	1-1 产品计划执行与评估	5	（1）产品陈列
				（2）产品市场与竞争店评估
				（3）供应商评估
		1-2 产品经营分析	8	（1）产品销售分析
				（2）产品价格带分析
				（3）产品关联度分析
		1-3 采购管理	8	（1）制订采购计划
				（2）特殊产品与临时订单产品订货
				（3）自动补货作业
		1-4 库存管理	4	（1）库存数据分析
				（2）编制门店盘点报表

续表

考核范围	考核比重（%）	考核内容	考核比重（%）	考核单元
2. 营销管理	25	2-1 消费者需求分析	12	（1）消费者需求与购买行为调查
				（2）分析消费者需求与购买行为
		2-2 促销管理	13	（1）编制促销计划与预算
				（2）制定促销价格与广告促销策略
3. 营运管理	25	3-1 规范与质量管理	10	（1）督查与评估门店营运规范、标准和流程的执行情况
				（2）督查与评估门店产品和服务质量标准的执行情况
				（3）督查与评估门店环境和连锁企业形象标准的执行情况
		3-2 客服管理	6	（1）识别顾客服务需求
				（2）处理复杂的顾客投诉
		3-3 安全与危机管理	9	（1）督查门店公共安全与内部安全
				（2）开展实施消防演练
				（3）处理一般性冲突
4. 信息与数字化管理	13	4-1 信息系统数据采集与处理	4	（1）顾客数据分析
				（2）运用信息系统进行门店销售预测与库存信息化管理
				（3）销售数据的汇总与处理
		4-2 数字化运营	4	（1）运用顾客营销系统进行精准营销
				（2）运用新媒体获取数据
		4-3 办公自动化管理	5	（1）运用办公软件制作电子文档
				（2）运用办公软件进行信息数据加工与处理
				（3）移动终端办公软件操作
5. 人员管理	6	5-1 招聘与培训管理	3	（1）门店人员面试
				（2）实施门店人员培训
				（3）管理工作指导
		5-2 团队与绩效管理	3	（1）制订员工绩效改进方案
				（2）员工绩效面谈的实施
				（3）实施团队协作
				（4）组织团队建设活动

续表

考核范围	考核比重（%）	考核内容	考核比重（%）	考核单元
6. 财务管理	6	6-1 资产管理	2	（1）统计产品损耗并分析原因
				（2）分析存货盘盈或盘亏原因
		6-2 资金管理	2	（1）实施资金结算
				（2）建立应收账款台账并催收
		6-3 报表分析	2	（1）分析门店销售日报表和门店库存日报表
				（2）分析门店毛利日报表和门店利润日报表

2.3.5 三级/高级职业技能培训操作技能考核规范

考核范围	考核比重（%）	考核内容	考核比重（%）	考核形式	选考方式	考核时间（分钟）	重要程度
1. 产品管理	25	1-1 产品计划执行与评估	6	考试	必考	25	Y
		1-2 产品经营分析	7	考试	必考		X
		1-3 采购管理	6	考试	必考		X
		1-4 库存管理	6	考试	必考		X
2. 营销管理	20	2-1 消费者需求分析	10	考试	必考	15	X
		2-2 促销管理	10	考试	必考		X
3. 营运管理	25	3-1 规范与质量管理	10	考试	必考	20	X
		3-2 客服管理	5	实操	必考		Y
		3-3 安全与危机管理	10	考试	必考		X
4. 信息与数字化管理	10	4-1 信息系统数据采集与处理	3	考试	必考	30	Y
		4-2 数字化运营	2	实操	必考		X
		4-3 办公自动化管理	5	实操	必考		Y

续表

考核范围	考核比重（%）	考核内容	考核比重（%）	考核形式	选考方式	考核时间（分钟）	重要程度
5. 人员管理	10	5-1 招聘与培训管理	5	考试	必考	15	X
		5-2 团队与绩效管理	5	考试	必考		X
6. 财务管理	10	6-1 资产管理	2	考试	必考	15	Y
		6-2 资金管理	3	考试	必考		Y
		6-3 报表分析	5	实操	必考		X

2.3.6 二级/技师职业技能培训理论知识考核规范

考核范围	考核比重（%）	考核内容	考核比重（%）	考核单元
1. 产品管理	24	1-1 产品结构分析	6	（1）品类管理实施
				（2）产品结构优化
				（3）货架空间优化
		1-2 品牌招商管理	6	（1）品牌招商活动策划
				（2）品牌招商洽谈
		1-3 采购管理	6	（1）采购渠道与采购方式选择
				（2）采购流程优化
				（3）供应商流程优化
		1-4 库存管理	6	（1）制订库存计划
				（2）调整库存结构
2. 营销管理	12	2-1 市场定位	4	（1）制订消费者需求调查方案
				（2）消费市场细分与定位
		2-2 宣传策划	4	（1）制定广告策划书
				（2）策划公关宣传活动
		2-3 营销策划	4	（1）制订营销策划方案，评估营销策划效果
				（2）运用视觉营销实现营销效果

续表

考核范围	考核比重（%）	考核内容	考核比重（%）	考核单元
3. 运营管理	24	3-1 规范与质量管理	9	（1）制定门店营运规范、标准与流程
				（2）制定门店产品与服务质量标准
				（3）制定企业形象
				（4）分析影响门店规范、标准执行的因素
		3-2 客服管理	7	（1）制定顾客服务策略
				（2）制定服务优化策略
		3-3 安全与危机管理	8	（1）制定企业安全管理标准
				（2）制定消防演练和应急预案
				（3）识别突发性危机事件与公共关系危机
4. 信息与数字化管理	6	4-1 信息数据分析	2	（1）企业经营信息及数据应用
				（2）库存管理系统操作及数据分析
				（3）企业销售管理系统操作及数据分析
		4-2 信息系统管理	2	（1）明确门店信息管理系统需求
				（2）信息化逻辑结构与业务流程匹配度的判断
		4-3 数字化运营	2	（1）新零售背景下全渠道平台搭建
				（2）客户关系管理系统操作及数据分析
				（3）数字技术应用与优化
5. 人员管理	12	5-1 团队及企业文化建设	4	（1）高效团队的建设
				（2）建立团队沟通机制
				（3）组织企业文化活动
				（4）企业流程与管理制度体系设计
		5-2 培训管理	4	（1）制订培训方案
				（2）评估培训效果
		5-3 绩效管理	4	（1）制定团队绩效目标与评估标准
				（2）实施绩效辅导
				（3）制订团队绩效改进方案

续表

考核范围	考核比重（%）	考核内容	考核比重（%）	考核单元
6. 财务管理	12	6-1 资金管理	4	（1）分析资金需求
				（2）分析资金使用效率
		6-2 成本效益分析	4	（1）实施门店成本预测与决策
				（2）编制门店成本计划并控制执行
				（3）实施门店成本分析与成本目标管理
				（4）分析门店综合业绩与效益
		6-3 预算管理	4	（1）设定门店预算目标
				（2）编制门店预算
				（3）控制门店预算执行并分析产生差异的原因
7. 市场开发管理	5	7-1 市场分析	1	（1）市场
				（2）目标市场调查
				（3）目标市场分析
		7-2 商圈分析	1	（1）商圈分析的内容与方法
				（2）商圈评估报告
		7-3 投资分析	1	（1）门店投资面积规模的影响因素
				（2）门店开发成本的构成
				（3）预选店铺业绩评估
				（4）预选店铺环境与合规评估
				（5）门店开发投资分析
		7-4 门店布局	2	（1）门店外部规划方案编制方法
				（2）顾客与产品动线规划设计
				（3）门店产品、通道与设施布局规划
8. 特许经营管理	5	8-1 加盟商引进	2	（1）加盟商招募
				（2）加盟信息推广
				（3）选定加盟商
		8-2 特许经营督导与知识产权维护	3	（1）建立加盟商管理与培训机制
				（2）设计特许督导评价指标
				（3）维护特许经营知识产权

2.3.7 二级/技师职业技能培训操作技能考核规范

考核范围	考核比重（%）	考核内容		考核比重（%）	考核形式	选考方式	考核时间（分钟）	重要程度
1．产品管理	20	1-1	产品结构分析	5	考试	必考	30	X
		1-2	品牌招商管理	5	考试	必考		X
		1-3	采购管理	5	考试	必考		X
		1-4	库存管理	5	考试	必考		X
2．营销管理	15	2-1	市场定位	4	考试	必考	15	X
		2-2	宣传策划	5	考试	必考		X
		2-3	营销策划	6	考试	必考		X
3．运营管理	15	3-1	规范与质量管理	5	考试	必考	15	X
		3-2	客服管理	5	考试	必考		X
		3-3	安全与危机管理	5	考试	必考		X
4．信息与数字化管理	10	4-1	信息数据分析	3	实操	必考	12	X
		4-2	信息系统管理	3	实操	必考		X
		4-3	数字化运营	4	实操	必考		X
5．人员管理	10	5-1	团队及企业文化建设	3	考试	必考	12	X
		5-2	培训管理	4	考试	必考		Y
		5-3	绩效管理	3	考试	必考		X
6．财务管理	10	6-1	资金管理	3	考试	必考	12	X
		6-2	成本效益分析	3	考试	必考		X
		6-3	预算管理	4	考试	必考		X
7．市场开发管理	10	7-1	市场分析	2	考试	必考	12	X
		7-2	商圈分析	2	考试	必考		X
		7-3	投资分析	3	考试	必考		Y
		7-4	门店布局	3	考试	必考		X
8．特许经营管理	10	8-1	加盟商引进	5	考试	必考	12	X
		8-2	特许经营督导与知识产权维护	5	考试	必考		X

2.3.8 一级/高级技师职业技能培训理论知识考核规范

考核范围	考核比重（%）	考核内容	考核比重（%）	考核单元
1. 产品管理	16	1-1 制定产品战略	4	(1) 产品定位
				(2) 品类管理体系
				(3) 品类战略回顾
		1-2 品牌招商管理	4	(1) 制订招商规划方案
				(2) 产品（品牌）评估与维护
		1-3 采购管理	4	(1) 采购谈判
				(2) 建立采购管理体系
				(3) 供应商绩效评估与策略调整
		1-4 库存管理	4	(1) 配送中心库存优化
				(2) 配送中心采购
2. 营销管理	16	2-1 市场定位	5	(1) 测算市场规模
				(2) 编制市场可行性分析报告
		2-2 渠道管理	5	(1) 选择与分析营销渠道组合
				(2) 评估媒介营销效果
		2-3 营销策划	6	(1) 制定线上与线下全渠道营销策略
				(2) 制定品牌营销策略
3. 营运管理	12	3-1 规范与质量管理	4	(1) 构建公司营运管理体系
				(2) 构建公司质量与环境标准体系
				(3) 编制公司营运管理手册
		3-2 客服管理	4	构建公司服务管理标准体系
		3-3 安全与危机管理	4	(1) 构建公司营运安全与危机管理体系
				(2) 处置媒体舆情危机
				(3) 处置突发危机

续表

考核范围	考核比重（%）	考核内容	考核比重（%）	考核单元
4．信息与数字化管理	16	4-1 信息数据分析与决策	8	（1）运用企业营运信息系统分析与决策
				（2）运用企业供应链信息系统分析与决策
				（3）运用企业财务信息系统分析与决策
				（4）运用企业顾客信息系统分析与决策
		4-2 数字化运营	8	（1）构建线上与线下数字化经营模式
				（2）构建线上与线下数字化运营平台
5．人员管理	12	5-1 团队建设	6	（1）评估团队领导力的有效性
				（2）建立激励机制与奖惩机制
				（3）评估薪酬体系的匹配度
		5-2 企业文化建设	6	（1）企业文化功能与机制
				（2）企业文化系统建设
6．财务管理	12	6-1 资产管理	4	（1）分析资产构成要素
				（2）实施资产优化
		6-2 成本效益分析	4	（1）实施区域成本预测和决策
				（2）编制区域成本计划
				（3）实施区域成本分析与成本目标管理
				（4）分析区域综合业绩与效益
		6-3 预算管理	4	（1）统筹区域预算目标
				（2）编制区域预算
				（3）平衡区域预算执行情况

续表

考核范围	考核比重（%）	考核内容	考核比重（%）	考核单元
7．市场开发管理	12	7-1 市场发展规划	3	(1) 市场拓展战略与发展模式
				(2) 市场开发
		7-2 城市与商圈分析	3	(1) 城市评估
				(2) 城市评估报告
		7-3 投资分析	3	(1) 门店开发评估体系
				(2) 门店开发投资决策的方法
		7-4 门店布局	3	(1) 卖场区域划分
				(2) 业态的组合模式
				(3) 布局效率的评估方法
8．特许经营管理	4	8-1 特许经营市场分析	1	(1) 特许经营项目实施计划
				(2) 特许经营项目风险评估
				(3) 特许经营项目可行性评估
		8-2 特许经营模式设计	2	(1) 设计特许经营授权模式
				(2) 特许经营费用设计
				(3) 构建特许经营管理体系
		8-3 特许经营文件编制与落实	1	(1) 编制特许加盟招商文件
				(2) 履行特许经营合同

2.3.9 一级/高级技师职业技能培训操作技能考核规范

考核范围	考核比重（%）	考核内容	考核比重（%）	考核形式	选考方式	考核时间（分钟）	重要程度
1．产品管理	20	1-1 制定产品战略	5	答辩	必考	20	X
		1-2 品牌招商管理	5	考试	必考		X
		1-3 采购管理	5	考试	必考		X
		1-4 库存管理	5	考试	必考		X
2．营销管理	15	2-1 市场定位	5	答辩	必考	20	X
		2-2 渠道管理	5	考试	必考		X
		2-3 营销策划	5	考试	必考		X

续表

考核范围	考核比重（%）	考核内容	考核比重（%）	考核形式	选考方式	考核时间（分钟）	重要程度
3．营运管理	15	3-1 规范与质量管理	5	考试	必考	15	X
		3-2 客服管理	5	考试	必考		X
		3-3 安全与危机管理	5	考试	必考		X
4．信息与数字化管理	10	4-1 信息数据分析与决策	5	实操	必考	15	X
		4-2 数字化运营	5	实操	必考		X
5．人员管理	10	5-1 团队建设	5	实操	必考	15	X
		5-2 企业文化建设	5	实操	必考		Y
6．财务管理	10	6-1 资产管理	3	考试	必考	15	X
		6-2 成本效益分析	3	答辩	必考		X
		6-3 预算管理	4	考试	必考		X
7．市场开发管理	10	7-1 市场发展规划	2	答辩	必考	10	X
		7-2 城市与商圈分析	2	答辩	必考		Y
		7-3 投资分析	3	考试	必考		X
		7-4 门店布局	3	实操	必考		X
8．特许经营管理	10	8-1 特许经营市场分析	3	考试	必考	10	X
		8-2 特许经营模式设计	3	考试	必考		X
		8-3 特许经营文件编制与落实	4	实操	必考		X